자녀 성적, 엄마 하기 달렸다

자녀 성적, 엄마 하기 달렸다

펴 낸 날 ┃ 2019년 9월 16일 초판 1쇄

지 은 이 ┃ 조기원
펴 낸 이 ┃ 이태권

펴 낸 곳 ┃ (주)태일소담
　　　　　서울특별시 성북구 성북로66 3층 301호 (우)02835
　　　　　전화 ┃ 02-745-8566~7　　팩스 ┃ 02-747-3238
　　　　　등록번호 ┃ 1979년 11월 14일 제2-42호
　　　　　e-mail ┃ sodambooks@naver.com
　　　　　홈페이지 ┃ www.dreamsodam.co.kr

ISBN　　　979-11-6027-166-9　03370

이 도서의 국립중앙도서관 출판시도서목록(CIP)은 서지정보유통지원시스템 홈페이지
(http://seoji.nl.go.kr)와 국가자료공동목록시스템(http://www.nl.go.kr/kolisnet)에서
이용하실 수 있습니다.(CIP제어번호: CIP2019034045)

공부력을 확 끌어올리는 부모 코칭 실전 매뉴얼

조기원 교수의

자녀성적 엄마하기 달렸다

조기원 지음

소담출판사

CONTENTS

<추천의 글>

 공부는 전략입니다. 그런데 이 전략이 모든 아이들에게 다 똑같이 적용되기는 어렵습니다. 형편과 상황, 성격과 환경이 모두 다르기 때문이지요. 이런 상황에 맞는 학습 코칭을 적용한 조기원 교수의 부모 학습 코칭은 이 땅의 부모들의 안타까운 마음에 단비가 될 수 있을 것입니다. 내 자녀의 미래의 설계를 위해 이 책을 추천합니다.

- 송인섭 (숙명여대 명예교수/세계영재교육학회 명예회장/다산자생력연구원 원장)

한 가정에서 부모가 코치가 되어 자녀를 코칭할 수 있다면 때로는 진로 코칭으로, 때로는 인성 코칭으로, 때로는 학습 코칭으로 자녀를 도울 수 있으므로 가장 행복한 가정의 모델이 될 수 있을 것입니다. 왜냐하면 코칭은 21세기 인류가 발견한 모든 지혜를 모으고 보태서 진보하는 형식으로 발전되고 있기 때문입니다. 코칭은 인간관계와 성공의 기술이요, 행복의 도구요, 삶의 지혜라고 할 수 있는데 2000년 초부터 이러한 분야에서 전문가를 양성하고 연구해 온 조기원 교수의 이 책은 모든 가정의 부모 필독서입니다.

- 강용수 (한국코치협회 회장)

교육이 바로 서려면, 가정에서 부모의 지도가 중요합니다. 조기원 교수의 책 『자녀 성적, 엄마 하기 달렸다』는 '자녀를 잘 도와서 어떻게 성공적인 학업을 성취할 것인가'라는 학업에 대한 문제를 디테일하고 실천하기 쉽게 잘 정리해주고 있습니다. 21세기 교육학에서 다 해결하지 못하고 있는 현안 문제들이 있지만, 이런 점들을 이 책은 충분히 보완하고 있습니다.

– 김만수 (前 ICF코리아첸터 회장/PCC알아차림코칭센터 대표)

초등학교 학생에게 가장 큰 영향력을 미치는 사람은 부모입니다. 그중에 아빠보다는 엄마가 더 큰 영향을 줍니다. 이런 엄마가 코치가 되어 자녀의 바른 인성을 기르고, 좋은 친구 관계를 맺게 하고, 진로와 학업문제 등을 바른 대화법을 통해서 도울 수 있다면 훌륭한 자녀로 키울 수 있을 것입니다. 'Children see, Children learn'이라는 말이 있습니다. 인성교육은 가르치기보다 부모의 모습을 보고 닮아가는 것입니다. 조기원 교수의 책은 학부모가 좋은 코치가 되도록 훌륭한 길잡이가 될 것입니다. 이 땅의 모든 학부모에게 이 책을 권합니다.

–이점영 (중앙대부속초등학교장)

학생부 종합 전형에 관심이 있는 부모들에게 영감을 주는 필독서가 되리라 확신합니다.

– 최현문 (한국외국어대학 입학사정관)

 가정에서 자녀를 올바르게 이해하고 자녀의 탁월성을 일깨워주며 양육할 수 있는 지혜로운 부모의 역할은 매우 어렵습니다. 그렇기에 부모는 가장 좋은 삶의 모델이자 스승이 될 수도 있지만, 가장 나쁜 영향력을 끼칠 수도 있는 양면성을 지닌 존재입니다. 중고등학교의 학업 성취도는 어려서부터 학습 습관을 통해 형성됩니다. 하루아침에 학원을 보내고 과외를 시킨다 해도 향상되지 않지요. 학습 기법도 중요하지만 과정에서 자녀의 심리적 변화와 날마다 부모와 주고받는 대화를 통해, 뇌에 반복적으로 저장되는 기억들은 자녀의 언어와 행동 패턴으로 습관화되어 나타납니다. 그렇기 때문에 지혜로운 부모에게서 지혜로운 자녀가 나옵니다. 지혜로운 부모가 되어 자녀를 잘 성장시키고 싶다면 조기원 교수의 『자녀 성적, 엄마 하기 달렸다』를 추천해드립니다. 이 책은 세상의 모든 부모들에게 자녀의 학습뿐만 아니라 진로, 인성 등 모든 면에서 부모가 훌륭한 코치가 되어 성과를 창출해낼 수 있도록 돕는 길을 제시해주고 있기 때문입니다. 책을 읽고 따라 하다보면 어느덧 자녀의 성장과 함께 부모의 내면적인 성숙을 경험할 수 있습니다. 이는 이 책이 가정에 덤으로 주는 선물로서 자녀와의 좋은 유대감 형성과 함께 바른 인성이라는 최고의 선물이 될 것입니다. 현장 경력 26년차 교사로서, 부모의 입장에서 조기원 교수의 이 책을 추천합니다.

- 이혁규 (교육정책디자인연구소 연구위원/좋은학교운동연합 운영위원장)

　스스로 기쁘고 즐겁게 몰입하며 성과를 내는 미래형 인재가 필요한 불확실성의 대변환 시대에 부모 역할까지 아웃소싱하며 불안해하는 이 땅의 부모들에게, 자신의 자녀양육 경험과 수많은 청소년 자기주도학습 코칭 경험과 사례를 바탕으로 가정에서 쉽게 활용되도록 잘 준비된 단계적이고 구체적인 부모 코칭 매뉴얼인 조기원 학습마스터코치의 『자녀 성적, 엄마 하기 달렸다』는 자녀의 꿈을 조기에 찾아주고 스스로 주도적으로 학습하며 행복한 삶을 살 수 있도록 자녀를 돕고자 하는 부모들에게 참 소중한 선물입니다.

- 안남섭 (Korea Supervisor Coach/(사)한국코칭심리협회회장/(사)미래준비이사장)

프롤로그

　『자녀 성적, 엄마 하기 달렸다』는 부모가 자녀와 함께 행복한 삶을 살아가는 삶의 기술을 다루고 있다. 이 책은 코칭 상담심리학자 겸 현장 코치로서 학문적 배경을 담아 쓴 글이다. 또 학부모를 코칭하고 청소년들에게 학습 코칭과 진로 코칭을 시작했던 2005년부터 지금까지의 경험들이 고스란히 담겨져 있다. 1부는 일간 신문에 교육칼럼으로 연재했던 글을 중심으로 묶었고, 2부는 사례 중심으로 코칭 팁을 추가하였다.

　책 출간을 앞두고 나는 왜 코치로, 상담심리학자로 거듭나기 위해 몸부림쳤을까 생각해보니 뚜렷한 세 가지 이유가 있었다.

　첫째, 두 아이의 아버지로서 자녀를 잘 키우고 싶었다. 지금은 큰 어려움 없이 지내지만 한때 아이들의 방황으로 나는 부모 역할이 제일 힘든 일로 여겨졌다. 그래서 신앙적으로 더 매달렸고 틈만 나면 새벽기도와 100일, 200일 기도를 했던 기억이 뚜렷하다. 아이들이 한참 사춘기로 방황할 때 나는 더 기도와 말씀에 파고들었다. 하지만 사춘기 아이의 변화는 도무지 보이지 않았다. 매일 2시간씩 기도를 시작해서 다음 주에는 3시간씩 그다음 주는 4시간씩 그다음 주는 5시간씩 기도로 200일 기도를 마치고 집으로 왔을 때 나는 하늘의 신비하고 깊은 맛을 본 뒤라 자신만만하게 사춘기 아이의 변화를 기대했지만 놀랍게도 변화의 기미는 보이지 않았다. 좌절로 며칠을 보낸 뒤에야 알 수 있었다. 단단했던 나의 껍질은 200일 기도를 마치고서야 겨우 조금씩 부드러워지기 시작했고, 아주 조금 변화된 내 모습을 눈치챘을 즈음 아이의 변화가 시작되었다. 성인이 된 지금도 아이의 변화는 계속되고 있다. 힘든 아이를 둔 부모들은 감사해야 한다고 생각했다. 내가 감당할만하니 나에게 이 아이를 보내주신 것이라 생각하자고 마음먹었다. 그 뒤로 나의 아주 작은 변화가 아이를 놀랍도록 변화시켰고 그 놀라운 변화는 지금도 계속되고 있다.

둘째, 나는 아이를 잘 키울 자신이 없었고 두려웠다. 지금은 편안하게 고백하지만 당시에는 이런 고백을 할 여유도 없어서 아기가 태어나기 100일 전부터 아이에게 아빠가 사랑한다는 증거를 보여주기 위해 날마다 일기를 썼다. 아이가 태어나서도 265일 동안 일기를 쓰다 힘들어서 꾀를 냈다. 당시 여성지에 연재를 통해 겨우 365일 일기를 마쳤던 기억이 있다. 이것이 계기가 되어 『365일의 육아일기』가 단행본으로 출판되었다. 아빠가 쓰는 육아일기 『시인과 포도의 왕자』라는 책은 당시에 화제가 되었고, 지금도 방영되고 있는 〈아침마당〉이란 프로그램에 연속 두 번이나 출연할 수 있었다. 반응이 좋았는지 담당 PD는 나에게 매주 출연

제안을 했고, 반년 동안 고정 게스트로 출연하게 되었다. 강연 때마다 나에게 낯익다는 분들이 더러 있는데 아마 그때 보신 분들도 있으리라 생각된다.

셋째, 아이의 문제로 시작된 기도와 말씀 그리고 일기에서 비롯된 나의 부모 공부, 아니 인생 공부는 좀 더 전문적인 넓이와 깊이가 필요했다. 몇 년간은 리더십에서 답을 찾았고, 간절한 마음으로 찾아 헤매다가 만난 것이 '코칭'이었다. 첫 만남부터 코칭은 나를 위해 준비되었다는 느낌이 들었다. 나는 혼신의 힘을 다해 스펀지처럼 코칭 지식을 빨아들였다. 변화와 성장의 구체적인 방법이 있다는 사실이 반가웠다. 이런 절실함과 갈급함이 오늘의 나를 마스터블 코치로 만든 것이 아닐까 생각한다. '마스터블 코치'란 불가능해 보이는 것을 코칭으로 해결해내는 코치를 말한다. 지난 15년간 절망의 순간도 있었지만 '정말 코칭으로 안 되는 게 뭘까?' 하는 생각이 들 때가 있었던 걸 고백한다. 한처럼 맺힌 풀기 어려운 문제가 있다면 나에게 의뢰해주시길 기대하는 마음도 있다. 한때는 〈스타킹〉 같은 TV 프로그램에 출연해서 마음을 주무르는 코칭의 탁월함을 전달할까 하는 마음도 들었다. 코칭의 대중화로 국민 생활에 도움이 되리란 확신 때문이었다.

돌이켜보면 사람은 누구나 부족함에서 시작하는 것이 아닐까 싶다. 나의 부족함이 이 세상의 자녀 문제에서 부족함과 갈급함을 느끼는 세상의 모든 부모들에게도 확실히 도움이 되리라 믿는다.

2008년 자기주도학습의 대안으로 제안했던 학습 코칭은《중앙일보》와 함께 시작한 국내 최초의 학습코치 자격 교육 사업으로 호응이 높았다.《중앙일보》와 공동으로 시작한 사업의 성공적인 반응에 주요 일간지들이 학습 코칭을 사업화하기 시작했고, 주변의 코치들을 활용했던 기억이 있다. 하지만 대부분의 학습 코치라고 자처했던 많은 분들이 코칭을 배워본 적도 없고 코치라는 이름을 그냥 호칭 뒤에 직함을 가져다 쓰듯 아무렇지 않게 사용한 것이 안타까웠다. 상담심리학을 배운 사람들을 코치라는 이름으로 당시 다른 신문사들이 활용하기 시작했고, 지금도 꽤 많은 사람들이 코치라는 이름하에 실제로는 시간관리 리더십이나 심리치료를 하고 있다. 유사 학문이긴 하지만 코칭과 심리치료는 출생이 좀 다르다. 심리치료가 회복과 치료에 목적이 있다면 코칭은 그 사람 내면의 재능과 탁월성을 발견해서 종국에는 문제를 더 이상 문제로 보지 않고 탁월한 삶을 살아가는 리더로 만드는 것을 목적으로 하고 있다. 따라서 심리치료나 상담심리학이 환자를 대상으로 만들어진 학문이라면 코칭은 평범한 사람을 탁월한 사람으로 새롭게 발견하고 성장시키는 것을 목적으로 만들어진 학문이다.

당시에도 경쟁지였던 일간지들은 앞다투어 상담심리학을 전공한 교수나 상담심리사들을 찾아 학습 코칭이라는 이름으로 자격 사업과 캠프를 했지만, 시간이 흐름에 따라 그 효과는 반감되었던 기억이 있다. 라이프 코칭 영역부터 비즈니스 코칭까지 성공적으로 잘 전파된 미국의 사례에서는 배울 것이 있다. 미국은 라이프 코치들이 코치가 되는 과정에서 자기 변화를 경험했고, 큰 변화를 경험했던 코치들이 오늘날 코칭의 대가들이 되었다. 자신이 직접 큰 변화를 경험한 사람일수록 믿음의 견고함에 따라 다른 사람들을 변화시키는 에너지도 커서 그 힘으로 기업에 가서 비즈니스 코칭을 성공시켰다. 하지만 이와 달리 심리학과 상담심리학을 전공한 교수나 박사들에게 30~60시간 교육을 받은 초보 코치들이 학력과 인맥을 통해 기업의 비즈니스 코치로 들어갔지만, 자기 변화의 경험이 비교적 적었던 국내 비즈니스 코치들의 경우 그 성과가 크지 않은 것은 당연한 일이었다. 이것이 오늘날 한국 비즈니스 코칭이 미국에 비해 발전하지 못한 이유로 많은 코칭 전문가들은 입을 모은다.

자녀를 만족스럽지 않은 현재의 상황에서 더 행복하고 성공적인 상태로 옮겨가고 싶다면 부모가 코치가 되어 자녀를 도우면 된다. 다만 부모의 생각대로 돕는 것은 오히려 해가 될 때가 더 많다. 따라서 부모가 적어도 세 가지 정도는 공부해서 자녀를 도울 수 있는 수준에 이르도록 노력해야 한다. 그 세 가지는 경청하기, 질문하기, 이해하고 기다려주기와 같은 것들이다. 이처럼 단순해 보이는 것이 왜 어려울까? 질문은 배워서 가능하지만 경청은 내공이 차지 않으면 다음 단계로 가지 못하는 무술의 내공과 같은 것이기 때문이다. 더군다나 이해하기와 기다려주기는 높은 내공을 가진 사람들에게도 매우 쉽지 않다.

모든 인간은 자식이 부모의 생각처럼 해주길 기대하고 희망한다. 이런 희망을 희망으로만 품고 있을 때는 문제가 되지 않는다. 어떤 경우 이런 희망을 자신의 생각과 섞어서 착각하기 시작한다. '우리 아이는 성적을 올려서 괜찮은 대학에 입학을 해야만 한다'가 바로 희망과 생각이 섞인 것이다. 여기서 한 발짝 더 나아가면 '반드시'가 포함된다. 심리학에서는 이런 반드시, 즉 'must be'가 포함되는 생각들을 인지왜곡이라고 말한다. '생각'과 '바람'이 구분되지 않은 상태에서, '바람'을 '반드시 일어나야 할 일'로 믿기 시작한 것이다. 그래서 그 바람이 이루어지지 않을 때마다 주위 사람이나 자신 또는 자녀를 들볶기 시작한다. 그리고 자신의 바람이 객관적인 사실, 즉 세상이 돌아가는 원리와 다를 수 있다는 것을 간과하기 시작한다. 다시 말해, 자신의 바람과 자녀의 성적이 반드시 일치해야 한다는 착각에 빠지는 것이다. 우리의 생각은 객관적인 사실과 다르다. 생각은 진리가 아니다. 하지만 이런 사람들은 왜 나의 생각대로, 희망대로 돌아가지 않느냐고 불행해하면서 살아간다. 이것이 평범한 사람들의 불행한 현실(오늘)이다.

'왜 우리 아이는 스스로 공부를 하지 않을까요?'는 '아이가 스스로 공부를 했으면 좋겠어'라는 생각에서 나온 말이다. 이 생각은 다시 '아이들은 스스로 공부해야만 성적이 오르니 그래야 해'라는 신념으로 이어진다. 그러니 당연히 '우리 아이가 스스로 공부하면 얼마나 좋을까!'라는 감정이 말로 표현되는 것이다. 따라서 인간의 생각이 표현되는 말에는 신념이 묻어 있고, 인간은 그 신념에 따라 간절한 감정을 가지고 산다고 바꾸어 말할 수 있다.

그런데 이런 생각과 말과 신념을 객관화, 일반화시키면 '세상의 모든 아이들은 스스로 공부를 해야 한다'로 바꿔볼 수 있다. 정말 그럴까? 세상의 모든 아이들은 스스로 공부를 하는 걸까, 아니면 그러길 바라는 부모들의 바람일까? 만약 바람이라면 부모의 바람대로 세상이 돌아갈 때가 더 많을까, 그렇지 않을 때가 더 많을까? 그렇지 않을 때마다 화를 내거나 우울해하는 것은 지혜로운가, 그렇지 않은가?

학자들의 연구 결과에 의하면 낙관성이 높은 사람들은 일반적으로 자존감이 높은 것으로 나타났다. 아주 차가운 얼음물에 손을 넣고 오랫동안 버티는 간단한 실험에서도 낙관성이 높은 사람들이 더 오랫동안 버텨낸다. 이는 삶에서 오는 시련과 인내의 정도를 상징적으로 의미한다고 할 수 있다. 인생에서 성공한 사람들의 공통점 중 하나가 바로 인내의 강도다. 이를 회복탄력성이란 말로 바꾸어 말할 수도 있다. 회복탄력성이 높은 사람은 성공할 가능성이 더 높다. '회복탄력성'이란 크고 작은 역경과 시련과 실패를 오히려 도약의 발판으로 삼아 더 높이 튀어 오르는 '마음의 근력'을 의미한다(이 '마음의 근력'을 키우는 것은 책 후반부에서 다룰 계획이다).

긍정적 착각도 같은 맥락에서 볼 수 있다. EBS에서 아이와 부모 그룹을 모아서 실험한 적이 있다. 첫 번째 실험은 고무공 넣기 실험이었다. 부모와 자녀를 함께 일정한 실험실 공간에 넣고, 아이의 눈을 가리고 5~6미터 앞에서 부모가 들고 있는 바구니에 정해진 시간 동안 공을 던져 넣도록 하는 간단한 실험이다. 비교적 많이 공을 넣은 부모-자녀군과 비교적 적게 넣은 부모-자녀군을 다시 비교, 체크해보았다. 이때 실험자가 부모의 언행에 집중해서 체크해보았더니 아이의 운동신경 능력이 결과에 큰 차이를 보이는 것이 아니라 부모의 태도가 공의 성공 개수와 비례한다는 것을 알 수 있었다. 즉, "옳지, 잘한다!", "좋았어!" 등 긍정적인 반응으로 호응을 한 부모 그룹은 아이의 운동신경과 상관없이 모두 높은 성공률을 보였으나, 낮은 성공률을 보인 부모 그룹들은 한결같이 "아니. 좀 더 높이! 아니라니까!" "거기 말고, 더 옆으로!" 등 부정적인 언어와 짜증 섞인 듯한 높은 음성으로 호응했다. 자녀들의 운동신경 지능을 검사해보지는 않았지만 눈으로 보기에도 특별히 아이들의 운동신경의 발달 정도는 별 차이가 없어 보였다. 오히려 전혀 엉뚱한 방향으로 공을 던지던 아이에게조차 부모가 "옳지, 잘한다!"라고 말하자 아이는 점점 더 안정적으로 공을 던졌고, 결국은 더 많은 공을 부모가 받을 수 있었다.

이처럼 단순한 실험에서 아이의 운동신경 능력을 아이의 공부 능력으로 바꾸어본다면 부모의 반응이 바로 부모력에 해당된다. 칭찬할만한 자녀에게 칭찬하는 것은 부모의 능력, 즉 부모력이 아니다. 하지만 전혀 엉뚱한 방향으로 공을 던지는 아이를 향해, 다시 말해 칭찬할만한 거리가 없는 아이에게 "옳지, 잘한다!"를 연발하며 결국 잘하는 아이로 만들어내는 부모의 칭찬, 격려, 지지의 태도와 대화가 바로 부모력에 해당된다. 따라서 부모력에서는 자녀의 능력과 동기부여도 중요하지만, 자녀의 상황에 맞는 부모의 리더십이 훨씬 더 중요하다. 단언컨대 세상 모든 자녀에게 딱 맞는 유일한 부모의 리더십은 없다. 하지만 내 자녀에게 꼭 맞는 부모의 리더십은 있다. 왜냐하면 세상의 모든 자녀는 같지 않지만 각기 다른 자녀에게 필요한 부모의 리더십은 반드시 있기 때문이다.

부모력을 끌어올리는 솔루션 설문

자녀를 잘 살펴보기 위해, 부모로서 다음의 세 가지 질문에 대해 답해 보자. 이는 부모가 체크하는 자녀의 상태 검사다. 다음의 세 가지 질문에 답하고 거기에 맞는 부모의 리더십을 갖출 수 있다면, 내 자녀를 세계적인 클래스의 리더로 성장시킬 수 있다.

다음 질문을 읽고 해당되는 답을 체크해보자.

1. 다음 질문에 'Yes', 'No'로 답해보세요.

    1) 내 자녀는 매사에 친구가 우선이며, 공부나 일보다는 사람 중심이다.   (Yes / No)

    2) 내 자녀는 모든 의사 결정이나 일하는 속도가 빠른 편이다.   (Yes / No)

    <1번 문제에 대한 선택지>

    ① 1) 문항이 'No'고 2) 문항이 'Yes'라면 이 아이는 '주도형 중심' 아이다.

    ② 1) 문항이 'Yes'고 2) 문항도 'Yes'라면 이 아이는 '사교형 중심' 아이다.

    ③ 1) 문항이 'Yes'고 2) 문항이 'No'라면 이 아이는 '안정형 중심' 아이다.

    ④ 1) 문항이 'No'고 2) 문항도 'No'라면 이 아이는 '신중형 중심' 아이다.

2. . '공부를 왜 잘해야 할까'라고 질문했을 때 자녀의 대답과 가장 비슷한 번호를 고르되, 답이 없을 때는 '기타'에 적어보세요.

    1) 엄마, 아빠에게 혼나거나 욕먹지 않으려고

    2) 좋은 대학에 가서 좋은 직장에서 근무(창업)하려고(돈을 벌려고)

    3) 꼴 보기 싫은 사람들에게 복수하려고

4) 공부는 내 자존심을 세우는 일이므로

5) 나 자신의 자기실현을 통해 세상에 크게 기여하려고

6) 기타 (   )

<2번 문제에 대한 선택지>

① 1번으로 답하는 아이는 현재 공부 수준이 낮거나 부모의 노력으로 성적을 겨우 유지하고 있는 아이일 가능성이 높다.

② 2번으로 답하는 아이는 현재 공부 수준과 관계없이 노력 대비 성적 유지가 쉽지 않을 것으로 보이는 평균 수준의 아이일 가능성이 높다.

③ 3번으로 답하는 아이는 현재 공부 수준과 관계없이 반드시 코칭이나 상담이 필요한 중요한 기로에 있는 아이다.

④ 4번으로 답하는 아이는 현재 공부 수준과 관계없이 공부 성과가 높을 가능성이 높다. 코칭이나 상담이 필요한 높은 잠재력을 지닌 아이다.

⑤ 5번으로 답하는 아이는 현재 공부 수준과 관계없이 공부 성과가 높을 가능성이 매우 높다. 코칭이나 상담이 필요한 잠재성이 아주 높고 드문 아이다.

⑥ 6번에 자신의 생각을 글로 써서 답하는 아이는 개성이 강한 아이일 가능성이 높다. 따라서 그 내용에 귀 기울일 필요가 있다.

3. 다음 문장을 읽고 내 자녀와 맞는 것을 동그라미로 표시해보세요.

내 자녀는 내가 보기에 공부에 대한 성과는 (높고/ 낮고), 의욕은 (높다 / 낮다).

<3번 문제에 대한 선택지>

① 부모의 판단에 내 자녀가 공부 성과는 높고 의욕만 낮다면, 이미 자녀는 아주 우수한 학생이나 향후 성적은 떨어질 것이다. 따라서 주 1회 정도의 코칭으로 본인

의 속마음을 털어놓고 문제를 해결할 수 있다면 다시 높은 가능성의 리더로 복귀될 것이다.

② 부모의 판단에 내 자녀가 공부 성과는 낮고 의욕만 높다면, 이미 자녀의 의욕으로 인해 부모는 혼란스러울 것이다. 뭔가 다양한 시도를 해봤거나 해보려 하지만 성과는 나오지 않기 때문이다. 월 4~8회 이상의 코칭으로 '하지 말아야 하는 일'과 '꼭 해야 하는 일'을 구분하고, 공부에 대한 과업과 자녀와의 관계(relationship)도 동시에 높여야 하는 손이 많이 가는 가능성의 자녀다.

③ 부모의 판단에 내 자녀가 공부 성과는 낮고 의욕도 낮다면, 이미 자녀는 아주 낮은 성적을 전전하고 있을 것이다. 따라서 월 4~8회 정도의 코칭으로 특별히 '하지 말아야 하는데 현재 하고 있는 일'들을 찾아봐야 한다. 이런 아이들은 공부를 잘할 수 없게 만드는 일들을 본인도 모르게 하고 있을 가능성이 높다. 따라서 부모는 자녀와의 관계를 높이기보다는 과업에 대한 강도를 높여서 '해야 하는 일'을 구체적으로 지시해야 한다. 즉 공부 시간, 공부 장소, 공부해야 할 과목, 공부 방법 등을 구체화해서 진행하되 하는 동안 특별히 하지 말아야 할 것 등을 미리 정하고, 정해진 것 외의 일을 하지 말고 반드시 성과가 나오도록 지도해야 한다.

④ 부모의 판단에 내 자녀가 공부 성과가 높고 의욕도 높다면, 이미 자녀는 아주 높은 성적을 유지하고 있을 것이다. 따라서 월 1~2회 이내로 부모가 관심이 없지 않음을 전달하되, 모든 것에 깊이 개입하지 말고 순수하게 코칭 대화를 함으로써 자녀와의 관계든 과업에 대해서든 깊게 관여하지 않는 것이 좋다.

간단한 세 가지 검사로 부모가 자녀를 성공시키는 노하우의 방향을 잡도록 문항을 만들었다. 여기에는 성격과 기질, 의식 수준, 상황 리더십이라는 3가지 주요 학문적인 배경이 있으며 본문을 읽으면서 깨우칠 수 있도록 하였다. 많이 공부한 사람일수록 많이 보이며 깊이 보일 것이다. 아직 뭐가 뭔지 모르겠고 어렵게만 보인다면, 부모가 학습해야 한다는 신호다. 부모의 인생에서 시련이 오는 것은 자신의 약점을 알리는 징후다. 이를 빨리 알아차리고 자녀로 인해 받는 고통이 아닌 함께 성장하는 행복감으로 바뀌는 계기가 되길 기대한다. 이 책을 읽은 이후로는 자녀와 행복하고 즐거운 시간, 보람된 시간을 함께 보내는 지혜로운 부모가 되길 바란다.

조기원

Part 1
부모가 꼭 알아야 할 학습 코디 기술의 모든 것

1장
부모 코칭 첫 단계

부모의 첫 일, 자녀의 가슴에 꿈을 심어주자!

목표가 없는 아이가 있다. 이런 아이들이 수업 시간마다 조는 것은 자연스러운 일이다. 공부를 열심히 해야 할 구체적 이유가 없는데도 열심인 학생이 있다면 그게 더 이상한 일이다. '공부를 해야 할 이유'란 무엇일까? 가슴이 떨릴만한 꿈을 발견하는 일이다. 꿈은 내가 꼭 이루고 싶고 실현 가능하며 수치로 측량이 가능한, 열정을 다해 이루고 싶은 것이어야 한다. 여기에 마감시간을 더하면 이제 꿈은 목표가 된다.

부모가 자녀에게 할 수 있는 가장 지혜로운 일이 있다. 자녀의 가슴에 황금씨앗 같은 꿈을 심어주는 일이다. 자발적으로 꿈을 찾은 자녀에게는 스스로 공부할 이유가 생긴다. 이런 일이 어렵게 느껴진다면 꿈을 이룬 사람들이나 장소와 건물 등을 직접 보여주는 것도 좋은 방법이 된다.

자녀가 희망하는 대학의 캠퍼스를 데려가 보여주는 것도 유익하다. 부모가 사망한 뒤 컴퓨터 게임에 중독됐던 아이가 있었다. 보다 못한 할아버지의 권유로 서울대 캠퍼스에 가서 서울대 입학의 성공적 동기부여가 된 사례가 있다. 목표를 가시화하는 것이 고통을 넘어서는 방법이 된다.

부모가 자녀를 신뢰하고 오래 기다려주었다는 것이 성공한 자녀를 둔 부모들의 공통점이다. 더 나아가 그런 가정들은 격려하고 지지하는 분위기가 자녀를 감싸고 있다. 이런 가정을 들여다보면, 학교에 가는 자녀를 관심과 사랑으로 배웅하며 자녀가 엄마를 부를 때도 목소리가 크지 않고 톤도 높지 않다는 특징이 발견된다.

먼저, 꿈을 적되 '최대한 빨리, 많이' 적게 하라.

목표를 세우기 위해 자신의 꿈이 무엇인지 알아가는 과정이 중요하다. 30분 동안 최대한 100개의 꿈을 써본다. 꿈이 거창할 필요는 없다. 짧은 시간에 최대한 많은 꿈을 쓰도록 할 때 무의식이 눌러놓았던 꿈까지 튀어나올 가능성이 높다. 일대일 학습 코칭을 하면서 학생들에게 일주일의 시간을 주고 꿈을 써오라고 하면, 대개는 50개를 넘지 못한다. 그러나 쓰는 요령을 알려주면 30분 만에 100개를 쓰되, 많은 시간이 주어질 때와 별반 다르지 않음을 볼 수 있다. 요령은 갖고 싶은 것을 모두 쓰고, 알고 싶은 것, 배우고 싶은 것, 해보고 싶은 일, 경험, 여행, 장소, 직업, 활동, 예술, 삶의 영역별로 되고 싶고 인정받고 싶은 역할을 쓰는 것이다. 예를 들

자기의 미래 꿈을 세워보면 스스로 공부할 이유가 생긴다

목표를 세우기 위해 자신의 꿈이 무엇인지 알아가는 과정이 중요하다. 30분 동안 최대한 100개 꿈을 써본다. 꿈이 거창할 필요는 없다. 짧은 시간에 최대한 많은 꿈을 쓰도록 할 때 무의식이 눌러놓았던 꿈까지 튀어나올 가능성이 높다.

어 꿈이 '어머니'라면 어떤 어머니, 어떤 아내, 자식에게 어떻게 기억되는 어머니가 되고 싶은지 써보는 것이다. 어머니도 함께 해보자. 가령 어머니가 학교 어머니회 임원이라면 어떤 임원이 되고 싶은지, 하고 싶은 운동, 취미생활, 친구 등 인간관계 그리고 내가 나가는 모임에서, 재정적인 면에서, 생각나는 모든 분야에서 되고 싶은 나를 적어본다.

이제 100개의 꿈 중에 '10개를 선정'하라.

80대까지 10년(30대, 40대 … 80대) 주기로 해야 할 일을 시간순으로 배열한다. 공부해야 할 것이나 자격증 등 기본적으로 준비해야 할 것을 적고, 갖추어야 할 인간관계, 학력 조건과 마감기간 등을 함께 적는다. 이것을 한 장으로 정리한 것이 '성공 인생 로드맵'이 된다.

다음으로, 10개의 꿈 중에서 죽기 전에 반드시 이루어야 할 '인생의 3대 과제'를 선정하라.

이 세 가지 꿈은 시각화된 사진이나 그림으로, 목표와 관련된 마감시간과 수치나 수량까지 포함한 3개의 이미지로 준비한다. 그 아래에 그것을 이루기 위한 중간 목표를 정해 같은 요령으로 그림을 그린다. 이것은 나의 성공 30초 CF를 위한 시나리오의 기초가 된다. 이제 자기 전과 아침에 눈뜰 때마다 3대 과제 중 하나를 고르고, 내가 감독이 되어 나의 성공 CF를 연출한다. 상상력을 동원하여 영화를 만들 듯 눈을 감고 머릿속으로 그려본다. 이것은 성공을 이루는 강력한 상상력의 암시가 된다. 성공의 좋은 자원이 되는 것이다.

마지막으로, 3대 과제를 몇 줄의 문장으로 압축한 '명문장'을 만들어본다.

이 명문장은 인생을 두고 온몸에 전율이 느껴질 때까지 평생을 수정

보완해나가야 한다. 이것이 '인생 사명서'가 된다. 한 줄에서 시작해 점점 늘리면서 수정해나가면 된다. 코팅해서 냉장고 위에 붙여놓고 엄마부터 실천해보자. 주의할 점은 배우자나 자녀들이 그게 얼마나 가겠느냐며 야유해도 주변을 의식하지 말고 끝까지 밀고 나가야 한다는 것이다.

부모여, 자녀의 탁월성을 발견하라!

이 사회에는 남들이 부러워할만한 직업을 가지고 사회에 해악을 끼치는 사람이 너무도 많다. 반면에 평범한 직업을 가진 채 묵묵히 일하며 세상에 좋은 향기를 전하고 잔잔한 감동을 주는 사람도 많다. '향 싼 종이에서 향내 나고, 생선 싼 종이에서 비린내 난다'라고 했던가? 각자의 직업에서 어떤 향기로 존재할 것인가가 중요하다. 학습 코칭 현장에서 가끔 아이들의 눈을 보면 진심이 고스란히 전달된다. 어느 날, 코칭하는 아이들에게 진심을 다해 찾아낸 그들만의 탁월성을 미래의 직업과 연결해서 이야기해주었다. 인간은 자기 안에 있는 것만 발견할 수 있다. 공감이란 내 안에 있는 것이 외부와 만났을 때 일어나는 정서적인 공명현상이자 물리학적 에너지, 즉 파동의 만남이다. 학습 코칭 현장에서 아이들이 자신 안에 있는 탁월성을 발견했을 때, 내가 하는 말들을 스펀지처럼 깊게 빨아들이는 것을 느낄 수 있다. 아무도 몰랐던 내 안의 깊은 곳에서 발견된 탁월성이 사람을 변화시킨다. 3세대 코칭에서 쓰이는 이 탁월성 프로그램이란, 무의식 바닥에서 잠재된 빛을 끌어내는 최고의 '자존감 회복 프로그램'이다. 자존감은 성장과 변화의 최종 목표와 같은 것이다.

"내가 오늘 이 강의를 하는 이유는 나의 탁월성을 실천하기 위해서란다. 나는 열정이 가득한 존재야. 그 열정으로 수천 시간을 공부했고, 1만

시간 이상 강의와 코칭을 해왔으며, 더 공부해서 늘 나 자신을 성장시키려고 한단다. 그리고 지금까지 내가 성장하면서 알게 된 것들을 너희들에게 전함으로써 너희들이 행복하고 성공하는 데 도움이 되고 싶어. 이게 바로 오늘 너희들을 찾아온 나의 순수한 의도이자, 나의 탁월성이란다. 이런 의도를 갖고 살아가면 행복해진단다. 가장 최소한의 노력으로 최고의 성과를 이룰 수 있거든. 이렇게 사는 게 행복하게 사는 방법이야. 가장 나답게 사는 것이지."

아이들에게 나의 탁월성의 세 가지 단어인 열정, 성장, 기여에 대해 설명했다. 진정성을 담은 어른의 '아이들에 대한 관심'은 아이들을 자각시키고 변화시킨다.

자녀를 행복한 성공자로 키우려면 자신감, 더 나아가 자존감을 회복시켜야 한다. 그러기 위해서는 부모가 먼저 자존감을 회복하는 방법을 배우고 실천할 때, 자녀 역시 탁월성이 발휘될 수 있다. 자신의 탁월함을 인식한 부모만이 자녀의 탁월함을 알아볼 수 있다. 행복한 부모에게 불행한 자녀는 없다. 부모가 불행하면 자녀는 절대로 자아실현을 위해 몰입할 수 없다. 자녀를 위해 부모가 행복해져야 한다. 탁월한 내 안의 진짜나를 발견하고 직면한 사람들은 반드시 자각을 통해 성장하고 변화한다. 칭찬받을만한 자녀를 칭찬하는 일은 능력이 아니다. 숨겨져 있는 자녀의 탁월성을 발견해주는 것이 부모의 능력, 아니 책임이다.

내 안의 깊은 곳에서 발견된 탁월성이 사람을 변화시킨다

아무도 몰랐던 내 안의 깊은 곳에서 발견된 탁월성이 사람을 변화시킨다. 3세대 코칭에서 쓰이는 이 탁월성 프로그램이란, 무의식 바닥에서 잠재된 빛을 끌어내는 최고의 '자존감 회복 프로그램'이다. 자존감은 성장과 변화의 최종 목표와 같은 것이다.

일대일 학습 코칭에서 사용하는 탁월성을 쉽게 찾는 방법을 소개한다. 내 주변에 있는 3~10명의 사람에게 '나'를 보면 떠오르는 긍정적인 단어를 두 개씩 말해달라고 한다. 그리고 내가 그 사람을 보고 그 사람에게서 느껴진 탁월성을 생각했을 때 떠오르는 긍정의 단어를 하나씩 더해 30개의 단어를 모은 후, 그렇게 모은 9~30개의 단어 중 세 단어를 선택하면 된다. 이때 단어는 명사형이 좋다. 단, 부정적인 것 대신 긍정적인 것이어야만 한다. 탁월성은 오염될 수가 없기 때문이다.

나의 사명은 아이들에게 희망을 주는 것이다.
나는 '희망', '포용', '카리스마'의 탁월성을 가지고
나의 3대 인생 비전인 '행복한 가정 만들기'와
'어학 전문 자기주도학습관 설립', '어린이집 설립'이라는 목표를
10년 이내로 완성하고 나의 탁월성으로 운영을 실천한다.
- 어느 어머니의 〈인생 사명선언서〉 中 -

나는 '신뢰', '인내', '친절'의 탁월성을 항상 기억하며 살겠습니다.
나의 탁월성으로 인해 나는 어떤 어려움이 있어도 이겨내고
반드시 내 꿈을 이루겠습니다.
- 어느 중학생의 〈인생 사명선언서〉 中 -

부모가 먼저 긍정을 선택하라!

기업도 기업문화가 향후 그 기업의 가치와 운명을 결정하듯 가정도 가정에 흐르는 문화가 있다. 이런 가정문화가 아이들의 운명을 결정한다. 자녀가 성공하길 원한다면 부모가 먼저 변화해야 한다. 문화는 삶이다. 따라서 말과 생각, 감정과 신념부터 바뀌어야 한다. 자녀가 독서하길 원한다면 부모가 평소 독서하는 모습을 보여주어야 한다. 이런 환경에서 자녀들은 매우 쉽게 책 읽는 행동을 선택한다.

집에서 단 20분도 집중하지 못하는 아이도 자신이 신뢰하고 지지하는 어른(학습 코치)이 있는 환경에서는 2~3시간 정도를 스스로 공부하며 집중력을 보인다. 아이들은 영향력 있는 어른의 말과 생각, 감정과 신념의 에너지에 이끌려 긍정적인 선택을 따라간다.

가정문화를 변화시키는 실천 방법을 알아보자.

첫째, 말과 생각의 변화를 시도해보자. 즉, '부정의 말'을 '긍정의 말'로 바꾸는 것이다.

"너 며칠 후면 중학생인데 공부도 안 하고 게임만 할 거야?" (부정)

"책 볼 시간이구나. 며칠 후면 중학생이 될 네가 자랑스럽다." (긍정)

둘째, 생각과 감정의 변화를 시도해보자. 모든 말에는 생각과 감정이 따라간다. 자녀에 대한 모든 생각과 감정에서 항상 긍정을 선택하는 것이다.

'물가는 오르고 남편 월급은 빤하고, 아이는 점점 커가는데 큰일이네….'(부정)

'남편은 오늘도 성실히 출근하고 아이는 잘 자라고 있으니 참 감사한 일이야….'(긍정)

이런 생각으로 바꾸면 걱정하던 감정에서 감사하는 감정으로 바뀔 수 있다.

셋째, 배우자와 자녀와 나에 대한 신념이 부정에서 긍정으로 변화되어야 한다. 생각을 긍정으로 바꾸면 감정이 바뀌고, 감정이 바뀌면 신념이 바뀐다. 이런 감정을 훈련하면 신념도 긍정으로 바뀌어서 결국에는 나와 배우자와 자녀에 대한 믿음이 긍정적으로 자리잡게 된다.

긍정은 선택이다. 우리가 하는 말과 생각, 감정과 신념을 긍정으로 바꾸고 행동한다면 나를 둘러싼 환경도 변화된다. 이를 실험해볼 수 있는 방법이 있다. 새로 지은 밥을 퍼서 김이 완전히 빠질 때까지 기다렸다가 유리병 같은 밀폐된 용기에 넣고 뚜껑을 닫는다. 그리고 각각 긍정의 말과 부정의 말을 써놓은 뒤, 2주 정도만 관찰해보라. 처음에는 긍정의 말이 적혀 있는 밥이 더 빨리 썩는 것 같을 것이다. 하지만 결국 부정의 말

가정문화가 아이들의 운명을 결정한다

집에서 단 20분도 집중하지 못하는 아이도 자신이 신뢰하고 지지하는 어른(학습 코치)이 있는 환경에서는 2~3시간 정도를 스스로 공부하며 집중력을 보인다. 아이들은 영향력 있는 어른의 말과 생각, 감정과 신념의 에너지에 이끌려 긍정적인 선택을 따라간다.

을 써놓은 밥이 더 많이 부패한다. 자녀와 같이 실험하며 확인해보면 좋다. 긍정의 말을 써놓는 것만으로도 이런 변화가 있다는 사실에 놀랄 것이다. 또 다른 실험도 있다. 2개의 유리컵에 각각 물을 담고 양파를 올린 뒤 양파의 뿌리가 물을 먹고 자랄 수 있도록 준비해두자. 그리고 볼 때마다 하나의 양파에는 부정의 말을, 다른 쪽의 양파에는 긍정의 말을 해보라. 이제 두 양파의 성장 상태만 관찰하면 된다. 또 하나의 실험이 더 있다. 플라스틱 용기에 긍정과 부정의 말을 써 붙이고 24시간 정도 지난 뒤 섭씨 0도 이하로 얼린다. 긍정의 단어를 써놓은 곳에서는 '육각수'라는 건강한 물에서 나타나는 결정이 만들어진다. 하지만 부정적인 말(짜증, 분노, 화)에서는 결정을 만들지 못하거나 찌그러진 결정만 만들어지는 것을 볼 수 있을 것이다. 일본의 한 과학자의 실험에 의하면 1조분의 1까지 분석 가능한 질량분석기로 긍정의 말과 부정의 말을 붙인 물에서 나타난 서로 다른 변화가 그 원인으로 밝혀진 바 있다.

자녀와 대화할 때 부모의 말은 20% 이내로, 경청이 먼저다!

새 학기가 시작되면 꼭 배가 아픈 아이가 있다. 학교에 가는 두려움이 몸에 나타난 경우다. 학교 폭력의 문제뿐 아니라 새로운 아이들과 적응할 것이 두렵거나 괴로운 아이들도 있다. 초등학교는 물론 중학교나 고등학교에 막 입학한 아이들은 이런 현상이 더욱 심할 수 있다. 이미 왕따의 경험을 가지고 있거나 그런 걱정을 가진 아이들이라면 부모의 도움이 절실하다. 하지만 부모에게 마음을 열지 않는 아이들이 많다. 안타까운 마음에 대화를 해보면 묵묵부답이거나 오히려 짜증을 내기도 한다. 아이들이 부모에게 마음의 문을 열지 않는 이유 중 대부분은 부모가 가르치려고 하기 때문이다. 교훈을 주고 답이나 방법을 알려주려는 부모의 의도와는 달리, 아이들의 태도는 냉담하기만 하다. 다양한 어려움에 있는 자녀들을 도울 수 있는 대화법을 알아보자.

"내일이 개학이네. 기분이 어때?"

"아는 아이도 없는 학교를 가는 게 엄마는 좋겠어요?"

"그래. 전에도 그런 문제로 힘들었으니 그럴 수 있겠다. 많이 걱정되는구나."

부모가 공감해줌으로써 이 정도의 대화라도 진행된다면 다행이지만, 여기까지도 어려운 경우가 있다. 부모가 자녀와 대화할 때 반드시 해야 할 것은 '경청'이다. 첫째, 대화할 때 아이의 눈을 바라보기. 둘째, 고개를 끄덕이며 대화하기. 셋째, 끝말을 따라 하거나 키워드를 반복하기. 이 세 가지만 지켜도 아이들의 태도에 변화가 일어난다.

"학교에서 언제 가장 힘드니?"

"반에서 나에게 말 거는 친구가 하나도 없고 친한 아이들끼리만 대화하고 어울릴 때죠."

"아, 그럴 때 힘들구나. 그럼 또 다른 경우는?"

"점심시간에도 자기들끼리만 함께 밥 먹을 때요. 매점 갈 때도 그렇고."

"아, 점심시간과 매점 갈 때 그렇구나. 또 다른 경우는 없니?"

"뭐, 그 정도예요⋯."

보통의 부모는 이쯤에서 걱정과 함께 가르치거나 교훈을 주려고 한다. 그러나 참고, 다음으로 넘어가보자.

"그럼 네가 그런 어려움이 있는데도 친구들과 빨리 친해지기 위해 어떤 시도를 해보고 싶니?"

"보통은 다른 아이들이 먼저 말을 걸어줄 때까지 기다리는데, 나는⋯."

"네가 먼저 말을 걸어본다면 어떻게 될까?"

"아이, 전 못해요. 어떻게 처음 보는 아이에게 말을 걸어요?"

"그렇구나. 그럼 먼저 미소를 지어보면 어떨까? 그럼 상대방이 어떻게 나올 것 같니?"

"간혹 그런 아이도 있지만 난 쑥스러운데…."

"쑥스럽구나! 그럼 또 어떤 시도를 해볼 수 있을까? 그럼 엄마가 아이디어 하나를 낼 테니 그 다음에는 네가 내는 식으로 방법을 찾아보자."

아이가 방법을 생각해내지 못할 때, 10초~3분 정도의 침묵은 금이 된다. 잠시 후, 아이디어를 던져주며 아이가 생각할 수 있도록 돕는다. 그래도 아이가 생각해내지 못한다면 2, 3개의 아이디어를 계속 던져준다.

"엄마라면 먼저 웃고 그다음 가볍게 눈인사까지 해볼 거 같은데, 넌 어때?"

"글쎄요. 난 어떻게 해야 할지 모르겠어요."

"그래도 상대방이 먼저 말을 걸어오지 않는다면 내가 먼저 날씨를 화제로 말을 걸어보지 뭐. '날씨가 춥다. 그치?' 아니면 '날씨가 덥다. 그치?' 이렇게."

"글쎄요. 난 어디 사는지 물어보는 것도 좋을 것 같아요."

"그래! 굉장히 좋은 생각이다. 그럼 그 친구가 어디에 산다고 하면 너도 어디에 산다고 이야기할 수 있고, 그다음에 난 어느 학교를 졸업했다고 이야기하면서 그 친구에게 어느 학교를 졸업했는지 물어볼 수 있겠네."

이쯤 되면 아이도 약간의 자신감을 되찾을 수 있다. 아이들은 자신이 봉착한 문제와 관련해 현실에 대한 성찰이 부족하다. 따라서 현실에 대한 대안들을 찾아보는 '멈추고 생각하기(Stop & Thinking)' 훈련이 필요하다. 과정을 갖춘 대화의 틀에서, 부모가 아이들을 자각으로 이끄는 질문이 필요한 것이다. 아이들이 스스로 성찰하고 자각해서 행동하게 만드는 것, 그것이 부모의 몫이다.

코칭의 대표적인 대화법을 하나 소개한다. 아이들의 다양한 문제를 발견하고 자각해서 스스로 그 문제를 풀어가도록 돕는 지혜의 도구로 활용해보자. 위의 엄마와 아이의 대화는 바로 다음의 대화법을 응용한 실제 사례다.

1. 목표(Goal) : 해결하고 싶은 문제는 뭐니?
2. 현실(Reality) : 현실적인 어려움이 있다면? (첫 번째, 두 번째… 가능한 없을 때까지)
3. 선택(Options) : 그럼에도 불구하고 목표를 이룰 수 있는 방안이 있다면?
  (첫 번째, 두 번째… 없을 때까지…)
4. 의지(Will) : 그중 하나를 우선적으로 선택해 본다면?

자녀와 대화할 때 부모의 말은 20% 이내로, 경청이 먼저다

부모가 자녀와 대화할 때 반드시 해야 할 것은 '경청'이다. 대화할 때 아이의 눈을 바라보기, 고개를 끄덕이며 대화하기, 끝말을 따라 하거나 키워드를 반복하기. 이 세 가지만 지켜도 아이들의 태도에 변화가 일어난다.

부모의 부정성은 자녀에게 공명된다!

부모가 원하는 모습으로 자녀를 성장시키려면 부모가 먼저 변해야 한다. 이는 21세기 집단 지성을 통해 비약적으로 발전하고 있는 코칭에서 밝혀진 사실 중 하나다. 양자물리학을 받아들인 코칭에서 사람의 마음과 마음을 움직이는 메커니즘을 다음과 같이 설명한다.

시험 때만 되면 부모가 자녀를 '안 되는 아이'로 단정하고 부정적인 말로 몰아붙이는 경우를 주변에서 쉽게 본다. 이때 부모의 부정적인 생각과 감정 때문에 우리 몸에는 분자의 1조분의 1보다 더 작은 것(미립자, 소립자 수준의 물질을 이루는 뉴트리노 등)이 몸 안에 활성화된다. 모든 물질은 정지해 있지 않고 움직인다. 이 움직임 때문에 자기 고유의 주파수를 갖고 있으며 세상과 우주를 향해 이를 발산하게 된다. 이때 자녀의 마음에 그 주파수가 마치 엑스레이처럼 통과하면서 자녀에게 잠재되어 있던 부정적인 생각이나 감정, 즉 같은 주파수의 미립자를 찾아 공명을 일으킨다.

모든 물질은 자기 고유의 주파수가 있고, 같은 주파수의 물질들은 공명한다. 소리굽쇠 실험을 통해 우리는 알고 있을 것이다. 부정성은 자녀의 마음과 감정을 상하게 하고 더 나아가 반드시 실패하는 인간으로 만들 정도로 공명의 에너지는 강하다. 적어도 현재 자녀의 모습과 상관없

부모의 부정성은 자녀에게 공명된다

현재 자녀의 모습과 상관없이 못한 일은 못 본 척하고 작은 것이라도 아이를 칭찬하고 지지하며 격려하라. 부모가 원하는 모습으로, 부모의 나이만큼 성장한 자녀를 상상하라. 그리고 지금 그 장성한 자녀에게 대하듯 대하라.

이 못한 일은 못 본 척하고 작은 것이라도 아이를 칭찬하고 지지하며 격려하라. 부모가 원하는 모습으로, 부모의 나이만큼 성장한 자녀를 상상하라. 그리고 지금 그 장성한 자녀에게 대하듯 대하라. 심리학에서는 이를 전이와 역전이라는 개념으로 설명하고 있다.

자녀를 위해 부모가 행복해지자!

자녀를 위한다면 부모가 행복한 삶을 살아가는 것이 매우 중요하다. 부모가 행복하게 사는 모습을 보며 자란 아이들은 자연스럽게 행복한 삶을 살아가게 된다. 그렇다면 부모들의 행복한 삶을 방해하는 것들은 무엇일까?

첫째, '생각과 판단'이다. 생각과 판단은 사실과 다르다. '철수는 오늘 9시 10분에 교실에 들어왔다'는 사실이고, '철수는 게으르다'는 생각이며 판단이다. 시험 기간에 공부하지 않는 자녀의 행동은 분명한 사실이고, 이게 부모를 화나게 한다고 생각하지만 실은 그렇지 않다. 우리를 화나게 하는 것은 우리의 생각이자 판단이다.

자녀가 시험을 2주 남겨두고 게임을 하고 있다고 생각해보자. 대부분의 부모는 답답하고 화가 날 것이다. 하지만 시험 기간에는 게임을 해서는 안 된다는 생각을 완전히 내려놓고 순수하게 아이를 바라보자. 순진하게 게임에 몰두하는 천진난만한 아이만 보이게 될 것이다. 그렇다. 우리에게는 어떤 생각이 있다. 그것은 나의 자녀가 시험 기간에 공부를 열심히 해야 한다는 생각이다. 그러나 사실(여기서 사실은 실제 일반적으로 일어나는 현상을 말한다)은 어떠한가?

세상의 모든 초중고생들이 시험을 2주 앞두고 시험공부에만 전념하는 가? 전념하기를 원하는 학부모와 그렇게 행동하는 소수의 아이들도 있지만, 그렇지 않은 아이도 많다. 이게 사실에 더 가깝지 않을까? 아이들은 공부에만 전념하지 않는다. 이것이 현실이다. 공부에만 전념했으면 하는 바람은 부모의 생각이다.

그러나 정말로 우리의 생각이나 바람대로 세상이 돌아간다면 이 세상은 무서운 세상이 될 것이다. 새치기해서 내 앞에 끼어든 차량을 향해 "펑크나 나라!"고 해서 펑크가 나고, 마음에 들지 않는 옆집 사람에게 "다리나 부러져라!"고 해서 진짜 다리가 부러진다면 이 세상은 어떻게 될까?

'화'는 우리의 생각과 다르게 일어나는 일상에 대한 감정적인 반응이다. 우리는 진리가 아닌 어떤 생각에 사로잡혀 그 생각대로 돌아가지 않으면 화가 나고, 슬퍼지고, 우울해진다. 따라서 부모에게는 사실과 판단을 구분하는 훈련이 필요하다. 자녀가 시험을 2주 앞두고도 계속 게임을 할지라도, '그럴 수 있지'라는 놀라운 자각이 부모에게 첫 번째로 필요한 생각이다. 그것이 훨씬 더 사실(현실에서 일어나고 있는 일)에 가깝기 때문이다.

부모의 행복한 삶을 방해하는 두 번째는 '감정'이다. 우리의 이성과 자각을 넘어서는 감정이 우리의 삶을 분노, 슬픔, 우울로 이끈다. 이러한 감

자녀를 위해 부모가 행복해지자

자녀를 위한다면 부모가 행복한 삶을 살아가는 것이 매우 중요하다. 부모가 행복하게 사는 모습을 보며 자란 아이들은 자연스럽게 행복한 삶을 살아가게 된다.

정을 처리하는 기술은 부모에게 꼭 필요하다. 아니 모든 현대인, 직장인, 리더들에게 꼭 필요하다.

　사실과 판단을 구별하는 훈련이 되면, 그다음으로 꼭 필요한 것이 바로 '감정을 처리하는 기술'이다. 자각한다고 해도 감정이 이성을 흩트리기 때문이다. 분노와 스트레스를 처리하는 명상 코칭을 소개한다.

　먼저 눈을 감고 호흡에 집중하면서 지금 이 순간 느껴지는 부정적인 감정을 느껴본다. 그리고 최고 10점에서 최저 1점으로 체크한 뒤 머리끝에서 발끝까지 천천히 스캐닝하듯 위에서 아래로, 이 감정으로 인해 느껴지는 약하지만 고통이 느껴지는 지점(압통점)을 찾는다. 보통은 목, 가슴, 배, 아랫배 중에서 나타나지만 전혀 엉뚱한 곳이어도 상관없다. 찾았다면, 그 압통점에 집중해서 부정적인 감정을 외면하지 말고 느낌으로써 점차 약화된다. 마치 배터리를 방전시키듯 모두 소모시킨 후 다시 점수를 체크해본다. 이 두 가지를 3개월만 훈련하면 적어도 90% 이상의 스트레스는 사라진다. 한번 믿고 해보라. 믿음은 태산을 움직인다.

2장
자녀의 성격을 알면
성공이 보인다

'주도형' 자녀에게는 도전과 선택권을 주자!

아이들이 네 명만 모여도 말하는 것을 좋아하는 아이와 주로 듣는 아이로 나눌 수 있다. 말하는 것을 좋아하는 아이가 있다. 영어공부를 잘하는 이 아이와 만나면 주로 자기 이야기만 해서 들어주기 바쁘다. 그런데 자세히 들어보면 주로 친구의 이야기, 친구와 함께한 이야기 등 주로 다른 사람 이야기의 비중이 높다. 이런 아이를 '사교형'이라 부른다.

두 번째 아이도 말하길 좋아하는 아이다. 그런데 5급 공무원이 꿈인 이 아이의 이야기를 들어보면 자신이 진급해서 차관이 되는 일 등 미래의 직업과 일, 업적과 성과 등 주로 일에 대한 이야기의 비중이 높다. 이런 아이를 '주도형'이라 부른다.

그렇다면 듣는 사람도 이런 식으로 나눌 수 있을까? 남의 말을 주로 들는 사람도 크게 보면 두 부류다.

하나는 원인과 결과, 즉 분석적인 관심을 갖고 들으면서 가끔 질문을 하는 부류다. 이런 사람들은 주로 방어적이면서 분석적이지만 꽤 날카로운 질문을 한다. 다소 까칠해 보이는 이런 부류의 아이는 '신중형'이다.

또 다른 부류는 평소 지루함을 자주 느끼고, 많이 자도 늘 졸려하지만 공부 방법과 노하우를 이야기하면 집중해서 듣는 유형이다. 먹는 것을 좋아하고 부자가 되는 것에 관심이 많은 이런 아이를 '안정형'이라고 한다.

이렇게 네 가지로 분류하는 것이 조금 애매하게 느껴질 수도 있다. 단 하나의 유형만을 갖고 태어나거나 후천적으로 개발된 사람은 드물고, 대부분 네 가지 유형이 섞여 있으면서 어떤 유형이 좀 더 높게 나타나는 정도이기 때문이다.

자녀의 주된 기질을 구분해 볼 수 있는 방법이 있다. 자녀가 주말이나 방학 때, 집에서 뭔가를 하던 중에 친구로부터 전화가 오면 즉시 하던 것을 놔두고 나가는가, 아니면 하던 것을 마친 후에 나가거나 혹은 나가지 않는가? 즉시 나간다면 '사람 중심'의 아이고, 후자는 '일 중심'의 아이다.

사람 중심인 아이 중에 평소 말하는 속도, 일하는 속도, 의사결정의 속도가 빠른 아이는 '사교형'에 가깝다. 반면 사람 중심의 아이 중 앞서 말한 것들의 속도가 느린 편이라면 '안정형'에 가깝다. 또한 일 중심의 아이 중 말하는 속도, 일의 속도, 의사결정의 속도가 빠른 편이라면 '주도형'이고, 꼼꼼하며 신중하게 결정하는 것을 선호한다면 '신중형'이라고 보면 된다. 계속 머릿속으로 생각은 맴도는데, 결정이 어려운 사람들은 대부분 '신중형'일 가능성이 높다. 신중한 사람들은 생각이 꼬리에 꼬리를 물고 심사숙고해서 결론을 내리려는 성향 때문에 결정을 유보하는 경향이 있다.

먼저 주도형 중심인 자녀의 특징과 그들을 어떻게 지도해야 만족스러운 가정생활을 이룰 수 있는지 그 방법을 살펴보고자 한다. '주도형'은 친구들과 지낼 때 결단력과 용기, 행동력을 가지고 리더십을 발휘하는 경우가 많다. 하지만 이런 아이들은 자신의 의도와 달리 일이 좌절될 때 분노와 화를 낼 가능성이 높다. '주도형' 자녀는 부모가 키울 때 많이 대립할 수 있다. 매사에 결정권을 요구하며 늘 자기주장을 내세운다면 바로 '주도형'이다. 주도형은 어려서는 말을 잘 듣는 아이가 될 수 있지만 어느 정도 크면 강한 자기주장이 특징적으로 나타난다. 때때로 욱하는 성질 때문에 주위 사람과 다투는 것을 두려워하지 않는 편이다. '주도형' 자녀들은 자신이 삶의 주인공이며 주도적으로 살아가는 것이 자연스럽다. 따라서 이런 흐름을 방해하는 모든 사람들과 갈등을 일으킬 가능성이 높다.

예를 들어, 한 살 때 장난감 자동차를 하늘을 나는 비행기처럼 가지고 노는데 엄마가 차를 뺏어서 자동차는 땅에서 달리는 거라고 알려주면

주도형 자녀에게는 도전과 선택권을 주자

'주도형'은 친구들과 지낼 때 결단력과 용기, 행동력을 가지고 리더십을 발휘하는 경우가 많다. 이런 아이의 경우 부모가 자녀에게 주도권을 주되 일정한 범위 안에서 자율성을 갖도록 한계를 정확히 해주는 것이 좋다.

'주도형' 아이는 울면서 화를 낸다. 자신의 주도권을 빼앗겼기 때문이다. 이 아이가 중학생이 되면 학원을 결정하고, 책을 사고, 옷을 사는 등의 주도권을 놓고 부모와 갈등하게 된다. 따라서 이런 아이의 경우 부모가 자녀에게 주도권을 주되 일정한 범위 안에서 자율성을 갖도록 한계를 정확히 해주는 것이 좋다.

'주도형' 자녀는 매사에 즉시 결정하고, 어떤 일에 도전하는 것을 좋아한다. 더 높은 목표를 던져주고 도전하도록 돕는 것도 도움이 된다. 내 자녀가 '주도형' 아이라면 명심하자. 결론부터 말하는 습관이 문제를 푸는 핵심이 된다. 빨리 결정하되 본인이 하도록 배려해주자. '주도형' 자녀에게 동기를 부여하는 방법은 자신의 꿈을 만들어주고 그 꿈이 이루어졌을 때 이 세상에 미칠 영향력을 상기시키는 것이다. 세상을 변화시킨 위대한 위인전 같은 책이 동기부여에 적합하다. 고(故) 정주영 현대그룹 회장이 '주도형'의 대표적 인물이며, 오늘날 현대그룹의 기업문화가 바로 주도형 문화가 기업문화로 정착된 사례라 할 수 있다. 안 되면 되게 하는 것, 크고 무거운 중공업, 건설, 조선, 자동차 등의 산업에서 두각을 나타냈던 것도 주도형의 기질과 관련이 깊다.

'사교형' 자녀는 상상력을 자극해야 한다!

　'사교형' 자녀에게 동기를 부여하려면 상상력을 자극해야 한다. 『신데 렐라』나 『해리 포터』같은 책을 읽을 때 "저렇게 멋진 성에서 살려면 어떻 게 해야 할까?"와 같은 미래의 성공에 관한 질문을 하는 것으로도 '사교 형' 자녀에게 동기부여가 가능하다. '사교형' 아이들은 친한 친구가 공부 를 시작하면 따라 공부하고, 친구가 놀면 함께 노느라 공부를 할 수 없는 아이들이기도 하다. '사교형' 아이의 동기부여 원천은 삶의 주 에너지인 '사랑'이므로 사랑받기 원하는 정서적 충족을 채워줄 필요가 있다. 이들 은 세상을 무대로, 자신은 무대의 주인공이라고 생각하기 때문이다. 따 라서 가장 중요한 관객인 부모나 친구 등 주변의 가까운 사람들의 싸늘 한 태도는 '사교형' 아이들에게 가장 견디기 힘든 형벌이며 상처가 된다. '사교형' 자녀의 정서적인 만족을 위해서는 부모가 과장되게 칭찬하고 격려하며 지지해야 한다. 그래서 나는 학부모 특강 때 심한 과장법을 써 서 자녀의 작은 칭찬거리에도 거품 물고 쓰러지며 뒹굴라고 말한다.

　'사교형' 자녀가 '신중형' 부모를 만났을 때 갈등은 고조된다. 초등학 생인 한 '사교형' 아이가 쪽지 시험을 100점 맞고 기쁜 소식을 알리기 위 해 달려가는 모습을 상상해보라. 기쁜 마음에 100미터 밖에서부터 시험 지를 휘날리며 집으로 달려온 아이에게 '신중형' 부모는 뭐라고 말할까?

사교형 자녀는 상상력을 자극해야 한다

'사교형' 아이의 동기부여 원천은 삶의 주 에너지인 '사랑'이므로 사랑받기 원하는 정서적 충족을 채워줄 필요
가 있다. 이들은 세상을 무대로, 자신은 무대의 주인공이라고 생각하기 때문이다. '사교형' 자녀의 정서적 만족
을 위해서는 부모가 과장되게 칭찬하고 격려하며 지지해야 한다.

"반에 대체 100점이 몇 명이니?" 또는 이렇게 말하기도 한다. "세상에, 시험이 그렇게 쉬웠니?"

이뿐만이 아니다. '사교형' 자녀가 '신중형' 부모에게 받는 깊은 상처는 스킨십에서 절정을 이룬다. 아이는 태어나서부터 늘 엄마 옆에 있으려 하고, 손도 잡고 싶어 하는 등 늘 스킨십을 원한다. 그런데 '신중형' 부모의 특징은 스킨십을 지극히 싫어한다는 점이다. 심지어 낯선 사람이 1미터 이내에 접근해도 싫어하는 경향이 있다. 그로 인해 아이의 상처는 쉽게 치유되지 않은 채 중고등학생이 되며 사춘기의 심한 열병을 앓게 된다.

'사교형'의 외모적 특징은 턱 선이 뾰족한 계란형 얼굴로 눈에 물기가 많고 입술이 얇다. 또한 언변이 뛰어나며 영어에 재능을 보이는 아이가 많다. 예술적인 재능이 뛰어나서 미술, 음악이나 악기 연주 한두 가지 정도는 능숙하다. 친구가 많고 쉽게 사귀며 온통 관심이 친구에게 가 있다. 친구가 사정이 있어 학교에 가지 못하면, 친구를 위해 함께 학교에 가지 않는 아이가 바로 '사교형'이다. 이들은 늦은 밤 달이 뜨면 이른바 'feel'을 받는 감성파로, 밤늦게까지 뭔가를 하다가 아침에는 못 일어난다. 그런데 주말이나 방학 때는 친구들과 약속했다며 깨우지 않아도 새벽부터 일어나 부산을 떠는 아이가 '사교형'이다.

'사교형'을 정리해보면 이렇다. 그들의 주된 관심은 '사람'이고, 새로운 사람들과 쉽고 빠르게 관계를 맺는다. 또 늘 새로운 것에 관심을 갖는다. 이런 '사교형' 자녀에게 하지 말아야 할 첫 번째 행동은 무시하거나 거부당했다는 느낌을 주는 것이다. 자녀의 말에 응답하지 않는 행동이 그중 하나다. '사교형' 아이들은 다소 집중력이 부족한 반면에 설득력과 상상력이 장점이다. 이들은 어떤 일이나 활동에 열정적이기도 하다.

'사교형' 자녀들은 갈등이 생겼을 때, 문제의 핵심을 회피하면서 부정적인 정보를 최소화하려는 경향이 강하다. 이는 친구들과 함께 있을 때 문제의 핵심을 피하고 화가 난 사람만 달래려는 행동으로 나타난다. 복잡하고 세밀하고 논리적인 이야기를 피하려는 경향 때문에 신중한 사람에게 공격의 대상이 되기도 한다. 그래서 '사교형'과 '신중형'의 사람이 부부가 되면 상대방에게 꼼짝 못하게 되는 경우가 많다.

'사교형'에게 동기부여는 사회적으로 인정을 받는 것이다. 따라서 '사교형' 자녀의 능력을 공개적으로 인정해주고, 자유로운 의사표현을 하게 해주는 것이 매우 중요하다. 자유롭고 민주적으로 의견을 표현하도록 허락하는 것이 내적 동기를 갖는 환경이 된다. '사교형'들은 주로 예술과 연예인 등 대인 서비스직의 직업이 많다.

'사교형' 자녀의 학습 장애물은 친구의 유혹과 쉬지 않는 휴대폰(하루 평균 200통의 문자)이다. 선생님과 사이가 벌어지면 성적도 떨어진다. 따라서 '사교형' 자녀들에게는 공부를 잘하는 친구를 주변에 두는 것과 발표 기회나 주목받을 기회를 주는 것이 좋다. 이들은 자신과 다른 사람에 대한 기대치가 낮으므로 자신에 대한 기대치를 높이도록 도와야 한다.

'안정형' 자녀는 압박하거나 다그치지 마라!

나라마다 조금씩 차이가 있지만 인구 비례로 볼 때 '주도형'은 10%, '사교형'은 25~30%, '신중형'은 20~25% 정도라고 한다. '안정형'은 30~35% 정도로 가장 높은 비율을 차지한다. '안정형'의 사람들은 내향적이고, 의사결정을 할 때나 행동할 때 속도가 느린 특징을 가지고 있다. 일보다는 관계 중심이지만 더 정확히 관찰해보면 사람 중심이라기보다는 관심의 대상이 사물에 더 가깝다. 따라서 초등생이나 어린 학생일수록 공부 환경이 매우 중요하다. 책상 위에 있는 연필, 지우개, 샤프 등 모든 물건이 그들에게는 관심의 대상이 되므로 책상 위를 깨끗이 하는 것이 매우 중요하다. 주말이나 방학 기간에도 '사교형'과는 달리 밖에 나가는 것을 무척 싫어해서 '방콕(방에 콕 박혀 있다는 뜻의 은어)'이란 말이 딱 어울리는 유형이다. 먹는 것을 매우 좋아하고 어떤 물건을 주면 좋아한다. 이런 점들은 '신중형'과 상반되는 기질로, '신중형'은 꼭 필요한 게 아닌 것을 주면 싫어하는 경향이 있다.

"손수레를 끌 사람은 손들어 보라"고 하면 '안정형'은 선뜻 손을 들지 않지만, 어느새 뒤에서 밀어주는 일을 도맡아 하며 주변의 의견을 잘 수용한다. 또한 이들은 남과 다투지 않으며 싸우는 사람들을 이해할 수 없다고 말한다. 이는 안정형의 핵심 에너지가 '평화와 안정'이기 때문이다.

이런 기질과 성격에는 자신과 타인에 대한 기대치가 작용한다. '안정형'은 자신에 대한 기대치가 높지만 상대적으로 타인에 대한 기대치가 매우 낮아서 남을 압박하거나 갈등을 만드는 일을 하지 않는다. '안정형' 자녀들에게는 속도가 느리다고 압박하지 말고 찬찬히 안정감을 가지고 일을 마무리하도록 격려하는 것이 중요하다. 부모가 '안정형' 아이들을 강압적으로 대하면 심한 경우, 중학교 1학년까지는 순종적인 모습을 보이던 아이들도 사춘기에 접어들면 가출하는 경우도 심심찮게 있다. 따라서 압박과 갈등 국면을 만들기보다는 천천히 자녀에게 속도를 맞추는 지혜가 필요하다. '안정형'은 속도는 느리지만 일을 꾸준히 완벽하게 처리하는 경향이 높다.

'안정형'은 대개 둥근 얼굴형으로 입술이 두툼한 편이며 편안한 눈빛이 특징이다. 목소리가 굵고 낮아서 여자 아나운서 중에 '안정형'이 많다. 이들이 선호하는 옷차림은 편안한 캐주얼 차림이다.

'안정형'의 대표적 인물로는 반기문 전(前) UN사무총장을 들 수 있다. 원만한 인간관계와 오랜 시간 변함없는 신뢰성을 보이기 때문에 '사교형'을 능가하는 사교계의 달인이 바로 '안정형'이다. 빠르게 사람을 사귀는 '사교형'이 사교계의 달인이 아니라, 참을성 있고 사려 깊고 팀 지향적이며 여유 있고 상대방을 배려하는 '안정형'이 바로 인간관계의 달인인 것이다. 안정형은 인간관계를 원만하게 유지하며, 상호 안전한 이익과 평화를 가치로 추구한다.

안정형 자녀는 압박하거나 다그치지 마라

'안정형'의 핵심 에너지는 '평화와 안정'이다. '안정형'은 자신에 대한 기대치가 높지만 상대적으로 타인에 대한 기대치가 매우 낮아서 남을 압박하거나 갈등을 만드는 일을 하지 않는다. '안정형' 자녀들에게 속도가 느리다고 압박하지 말고 찬찬히 안정감을 가지고 일을 마무리하도록 격려하는 것이 중요하다.

‘안정형’ 자녀가 가장 싫어하는 것은 갈등과 압박이다. 이들은 강한 인내력과 포용력을 소유하고 있지만 추진력이 부족한 느낌을 줄 수 있다. ‘안정형’ 자녀를 배려하는 칭찬은 과장 없이 안정감을 동반해서 말하는 것이다.

“음, 정말 잘했구나. 참 잘했어.”

‘안정형’은 갈등이 생겼을 때, 공격하기보다는 대부분 수긍하는 대안을 찾는다. 모두와의 조화를 위해 자신이 양보하기도 한다. 하지만 갈등이 심해지면 그냥 회피하는 경향도 있다. ‘안정형’은 특별한 이유가 없는 한, 현재를 유지하려는 경향이 강하다. 그래서 ‘안정형’의 일상은 예측이 가능하다. 일 때문에 개인이나 가정생활이 침해받는 것을 매우 싫어한다.

‘안정형’ 자녀들을 효과적으로 돕기 위해서는 항상 변화에 적응할 준비를 갖도록 하는 것이 좋다. ‘안정형’ 자녀는 성실하고 능력을 갖춘 동료들과 함께할 때나 팀의 일원이나 동료가 되었을 때, 자신의 능력을 더 잘 발휘한다. 과제 완수를 위한 업무 수행절차를 이해시키고, 기회가 오면 적극적으로 행동하도록 훈련시키는 것이 좋다. ‘안정형’은 사서, 교사, 요리사, 공예가, 기능직 등 오랜 숙련을 거치는 전문직 종사자가 많은 편이다.

‘안정형’ 자녀의 학습 장애물은 압박감과 두려움, 지루함과 미루는 습관이다. ‘안정형’ 자녀를 위한 학습도우미 역할을 하려면 실현 가능한 목표를 제시하되, 사다리처럼 목표를 단계별로 서서히 올려야 한다. 공부 노하우를 직접 알려주고 해보라고 하되, 습관이 형성될 때까지 함께 해 보자. 속도를 좀 더 내도록 권유하되 압박하지 마라.

'신중형' 자녀는 논리적으로 설득하라!

'신중형' 자녀에 대해 알아보자. 나라별로 기질의 특성을 보면, '신중형' 사람들이 많은 나라로 일본이 떠오른다. '사교형'은 프랑스, '주도형'은 이탈리아, '안정형'은 중국이 떠오른다. '신중형'은 내성적이며 일 중심이다. '신중형'에는 일하는 속도가 느린 사람이 있는가 하면, 일도 잘하고 속도도 느리지 않지만 완벽해질 때까지 기다리는 특징을 가지고 있다. 관계보다는 일 중심이지만 더 정확히 관찰해보면, 완벽한 일처리나 그 일을 통해 사람과 세상으로부터 자신이 신뢰받는 것에 더욱 관심이 집중되어 있다.

따라서 '신중형' 자녀는 이해가 되고 납득되어야 움직이며, 논리적인 설득 후에는 끝까지 지켜나가는 신의를 보인다. 신중한 아이들의 책상 위는 깨끗하며 방도 비교적 잘 정돈되어 있다. 주말이나 방학에도 '사교형'과는 달리 밖에 나가기보다 혼자서 오랫동안 잘 지내는 편이다. 먹는 것을 정할 때도 논리적인 선택을 선호하므로 가격 대비 맛과 질을 따진다. 대체로 말이 많고 대화가 비논리적인 '사교형' 사람들과 오랫동안 함께 있으면 힘들어하는 경향이 있다. 스킨십도 싫어해서 '신중형' 부모에 '사교형' 자녀의 경우, 자녀가 밖으로 겉돌기 쉽다. 부모가 자녀의 작은 성공을 관심과 사랑으로, 마치 시골장터의 약장수같이 떠들썩하게 칭찬하며 감동해줘야 사교적인 자녀들은 만족을 느낄 수 있다. 따라서 이런 점을 가장 어려워하는 '신중형' 부모는 특별히 훈련을 받거나 노력할 필요가 있다.

'신중형'은 주로 남의 말을 잘 듣는다. 하지만 협력적인 관점보다는 비협조적인 관점을 갖고 듣는다. 소위 '까칠하게 듣는다'라는 느낌이 있다. 그래서 결론부터 꺼내는 '주도형'이나 앞뒤 못 재고 두서없이 말하는 '사교형'에게는 '신중형'의 촌철살인 한마디가 찬물을 끼얹은 것처럼 분위기를 싸늘하게 만든다.

하지만 논리적인 근거를 가지고 시간을 주며 찬찬히 설득하면 '신중형' 자녀는 약속한 것을 끝까지 잘 지키는 유형이다. "수레를 끌 사람!" 하면 선뜻 손을 들지 않는 것은 '안정형'과 같지만, 어느새 뒤에서 밀어주는 '안정형'과 다르게 자신이 수레를 밀어야 할 논리적 이유가 없을 때는 협조하지 않는 편이다. '신중형'의 핵심 에너지는 '신뢰'다. 이들은 남에게 신뢰를 잃지 않는 것을 매우 중요하게 생각한다.

이런 기질과 성격적 특성에는 자신과 타인에 대한 높은 기대치가 자리잡고 있다. 네 가지 유형 중에 타인과 자신에 대한 기대치와 요구가 가장 높아서, 상대적 기대치가 모두 낮은 '사교형'들에게 자칫 숨 막히는 느낌을 줄 수 있다. '신중형'은 평소 말이 거의 없는 편이다. 하지만 자신이 오해받고 있다고 느낄 때는 말이 많아진다. 잘 다니던 학원을 그만두겠다는 '신중형' 아이에게 '주도형' 부모가 나무랐을 때, '신중형' 아이는 논

신중형 자녀는 논리적으로 설득하라

'신중형' 자녀에게 동기를 부여하는 방법은 천천히 신뢰감을 가지고 믿고 기다려주는 것이다. '원인과 결과', '서론, 본론, 결론' 하는 식의 앞뒤 원인과 과정 그리고 결론이 논리적일 때 신뢰와 안정감을 갖는다.

리적인 이유와 근거를 내밀며 부모와 논쟁해서 대개 승리한다. 그들의 말이 실제로도 옳고 논리적으로도 타당한 경우가 많기 때문이다. '안정형' 자녀와는 또 다르게 '신중형'은 속도가 느린 아이다. 완벽하려는 경향 때문에 느리게 느껴지지만, 정확히 말하면 '꼼꼼하다'라고 하는 것이 옳다.

'신중형' 자녀에게 동기를 부여하는 방법은 천천히 신뢰감을 가지고 믿고 기다려주는 것이다. '원인과 결과', '서론, 본론, 결론' 하는 식의 앞뒤 원인과 과정 그리고 결론이 논리적일 때 신뢰와 안정감을 갖는다. 또한 '신중형'은 뭔가에 몰입하는 중독 가능성이 높다. 이들과는 속도와 완벽의 문제로 인해 갈등이 빚어질 가능성이 많다. 현명한 부모라면 자녀에게 속도를 맞추는 지혜가 필요하다.

'신중형' 자녀의 외모적인 특징은 이목구비가 중앙에 몰려 있고, 여성은 특히 청순가련의 느낌으로 눈빛이 맑고 찬 느낌이 특징이다. 목소리는 가늘고 낮은 톤이며, 이들이 선호하는 옷차림은 간편하고 편리하며 실용적인 것이다. 한마디로 여름에 시원하고 겨울에 따뜻하면 된다. '신중형'의 대표적인 인물로는 삼성그룹의 이병철 회장을 들 수 있다. 삼성그룹의 기업문화는 '신중형'의 문화다. '신중형'은 과학자, 연구원, 교사, 의사, 법조인, 코치 등 신중하고 꼼꼼한 일처리의 직업을 가진 사람이 많은 편이다. '신중형' 자녀들의 학습 장애물은 완벽주의와 어수선한 환경이다. 학습도우미 구실을 하려면 합리적인 계획과 분석적인 능력 발휘, 정리정돈의 힘을 발휘하도록 여건을 조성해주어야 한다. '신중형' 자녀를 도와 개발시켜야 할 점은 속도와 융통성 발휘인데, 진도 조절을 고려해서 전략 전술을 활용한다면 높은 성취가 가능하다.

성격은 좋고 나쁨이 있을 수 없다. 상대방과 자신을 이해하는 도구로 사용해야 한다. 하지만 의식이 높으면 자신의 성격 중 장점이 발현되고, 의식이 낮으면 단점이 드러난다.

3장
자녀에게 딱 맞는 리더십

'지시의 리더십'이 필요한 아이

자녀가 둘인 경우, 한 아이와는 특별한 노력 없이도 손발이 잘 맞는 느낌이 드는데 다른 아이와는 서툴고 힘들 때가 있다. 그래서 자꾸 마음과는 다르게 갈등이 생기는 경우가 있다. 도와주기도 어렵고, 나름대로 노력할수록 더 꼬여가는 느낌의 자녀는 언제나 어려운 상대다. 나와 잘 안 맞는 사람들은 어째서 그런 것일까?

이 질문에 시원한 답을 줄 수 있는 것이 바로 '상황 리더십'이다. 내 자녀가 동기부여가 되어 있는지, 학생으로서 성과를 잘 내고 있는지, 이 두 가지 질문으로 자녀의 상태를 알고 거기에 맞춤으로써 부모가 리더십을 선택적으로 사용해야 한다.

부모가 리더라면, 자녀는 리더를 따르는 '팔로워'라고 할 수 있다. 즉,

리더가 자신을 따르는 사람의 입장에서 그에 맞는 리더십을 사용할 때 팔로워들은 편안해지고 리더를 전적으로 신뢰하며 따르는 것이다. 자녀를 진단하는 방법은 다음과 같다.

첫째, 동기부여가 되어 있는지를 살핀다. 이때 결정은 부모의 주관적 판단을 기준으로 한다. 스스로 공부하려는 의욕과 동기부여가 높아서 늘 알아서 스스로 공부한다면 8점, 스스로 하는 경우가 전혀 없다면 1점, 반반이라면 5점이다. 즉 1점부터 8점까지로 5점 이상이면 높음, 4점 이하는 낮음으로 본다.

둘째, 성과가 높게 나오는지 낮게 나오는지를 본다. 높은 편이라면 8점이 만점, 아주 낮은 편이라면 1점, 중간 정도가 5점이다. 여기서 성과란 학생의 경우 지난 시험의 성적이다. 역시 5점 이상이면 높음, 4점 이하는 낮음으로 본다.

이렇게 두 가지 질문을 통해 자녀의 동기부여와 성과가 측정되면 이제 자녀를 어떻게 도와야 하는지가 결정된다. 모두 네 가지 경우로 나누어 볼 수 있다. 의욕과 성과가 모두 낮아 '지시의 리더십'이 필요한 아이, 의욕은 높은데 성과가 낮아 '지도의 리더십'이 필요한 아이, 의욕과 성과가 모두 높아 '위임의 리더십'이 필요한 아이, 의욕과 성과가 모두 높았다가 어느 날 풀이 죽고 자신감이나 의욕이 없는 것처럼 보이는 아이, 즉 '격려의 리더십'이 필요한 아이다.

먼저 '지시의 리더십'이 필요한 상태에 있는 경우 어떻게 도와야 하는지 알아보자. 자녀가 학습능력과 의욕이 모두 낮은 상태라면 다음과 같은 주요 기준을 가지고 접근해야 한다. 자녀에게 무엇을, 언제, 어디서, 어떻게 하라고 구체적으로 지시해야 한다. 엄밀히 말해 코칭이라기보다는 티칭에 가까운 지도 방식이지만 코칭에서 가장 중요한 격려, 지지, 칭찬을 기반으로 해야 한다. 그러나 이런 긍정의 마음으로 다가서는 리더에게 아이들은 조금 느슨해지기 쉽다. 따라서 친절히 말하되 공부 성과가 낮아도 된다는 느낌을 주지 않도록 주의해야 한다. 무엇을 해야 하고, 무엇을 하지 않아야 좋은지도 명확히 전달한다. 아직 모든 결정을 부모나 코치가 해야 한다. 즉, 구체적인 지시와 면밀한 체크 관리가 필요한 아이다. 이런 자녀를 대하는 대응전략은 부모가 '언제, 어디서, 어느 정도 분량의 공부를, 언제까지 할 것인지'를 구체적으로 묻고 확인하는 것이 포함된다.

'지시의 리더십'이 필요한 자녀를 둔 경우, 부모는 우선 아이의 학습의지를 형성시켜야 한다. 즉, 동기부여를 해야 한다. 의욕도 없고 성과도 낮은 아이에게 어떻게 동기부여를 해야 할까? 결론은 격려와 지지와 칭찬이다. 20문항의 수학문제를 푸는 게 숙제인데 2문제 반도 다 못 푼 아이를 어떻게 칭찬할 수 있을까? 이렇게 해보자.

'지시의 리더십'이 필요한 아이

의욕과 성과가 모두 낮은 '지시의 리더십'이 필요한 자녀를 둔 경우, 부모는 우선 아이의 학습 의지를 형성시켜야 한다. 즉, 동기부여를 해야 하는데 이때 격려와 지지와 칭찬으로 한다.

"기영아, 네가 드디어 수학숙제를 시작했구나. 못한다고 손도 못 대던 네가 드디어 3문제나 스스로 풀어보려고 한 걸 보니까 엄마는 정말 기쁘다. 앞으로도 열심히 해보자. 기영이 파이팅."

'지도의 리더십'이 필요한 아이

한 학생이 100개의 꿈을 찾았다. 인생 로드맵을 10대부터 80대까지 10개로 정리하고, 시기별로 정리한 인생 로드맵도 만들었다. 고등학생이 됐어도 목표와 방향성이 없던 아이가 자신의 삶과 방향에 눈을 뜨면서 내면에서부터 열정이 올라오기 시작한 것이다. 의욕과 성과가 모두 낮았던 아이가 어떤 동기부여를 통해 열정적이 되었을 때, 부모는 기쁜 나머지 아이의 모든 요구를 들어주기 십상이다.

하지만 전문가의 경험으로 볼 때 이런 경우 대부분 실패로 끝난다. 왜 그럴까? 기업의 예를 들어보자. 이제 막 창고관리나 물류담당에서 훌륭한 성과를 내고 대리로 진급한 사원이 영업팀으로 배치받았다고 하자. 이 사원은 의욕이 넘쳐서 팀장에게 적극적이고 공격적인 업무를 맡겨달라고 요구하지만, 결국 실패로 끝나는 경우가 많다. 창고나 물류에서 아직 작은 성공만 했을 뿐, 아직 영업팀에서는 성공해보지 못했기 때문이다. 자녀의 공부도 마찬가지다. 앞에서 소개한 아이도 의욕이 용솟음칠 때, 중간고사에서 일부 과목의 성적을 올릴 수는 있어도 최종적으로 완전한 성과물을 내기는 힘들다. 성공할 수밖에 없는 기술과 노하우를 아직 충분히 갖추지 않았기 때문이다. 만약 내 자녀나 주변에 이런 아이가 있다면 '지도의 리더십'으로 도와주자.

'지도의 리더십'이 필요한 아이

성적은 낮지만 의욕이 솟구치는 '지도의 리더십'이 필요한 아이에게는 항상 왜 해야 하는지 그 이유를 명확하게 설명하고 그 과정을 통해 자녀가 부모나 코치의 결정을 받아들이도록 해야 한다. 또한 부모나 코치가 비교적 많은 시간과 노력을 기울여 친밀한 관계를 조성해야 한다.

'지도의 리더십'을 사용해야 하는, 아직 성적은 낮지만 의욕이 솟구치는 자녀를 돕는 원칙은 항상 '왜 해야 하는지' 그 이유를 명확하게 설명하고 그 과정을 통해 자녀가 부모나 코치의 결정을 받아들이도록 하는 것이다. 코칭 때 대화를 통해 왜 이렇게 해야 하는지 설명해야 한다. 이런 상황의 자녀들은 의욕이 앞서 남의 의견을 잘 받아들이지 않기 때문이다. 따라서 부모나 코치가 설명하고, 자녀가 궁금한 것은 확인할 기회를 꼭 주어야 한다.

아직 성적은 낮지만 의욕이 앞서는 자녀를 돕는 또 다른 원칙은 '높은 과업적 행동'을 해야 하는 것이다. 높은 과업적 행동이란 학생인 자녀에게 공부를 언제, 어디서, 어느 정도의 분량으로 할 것인지를 지도하는 것이다. 높은 관계적 행동도 함께 해야 하므로 부모나 코치가 비교적 많은 시간과 노력을 기울여야 한다. 높은 관계적 행동이란 함께 공부하거나 개인적 고민과 관련해 이야기를 나누는 것, 아이가 좋아하는 다과나 음식을 함께 먹는 것, 영화를 보는 것 등 스킨십을 포함한 친밀한 관계를 조성하는 데 도움이 되는 모든 행동이다.

실천 전략을 정리하면 다음과 같다.

첫째, 초기에 시간을 투자해서 많은 설명과 정보를 주고 빠진 부분을 수시로 보충한다.

둘째, 부모나 코치가 학습 훈련을 함께 함으로써 자녀가 체험하고 습득하도록 돕는다.

셋째, 가급적이면 질문에 모두 대답하고 설명해준다.

넷째, 위험부담이 없는 환경을 조성해서 초기 '실수'를 학습으로 유도한다. 스스로 해보겠다고 하는 아이에게 처음부터 "안 돼"라고 하기보다는 2~3일 또는 일주일 동안, 실패해도 크게 위험하지 않은 수준의 과업을 준다. 그래서 본인의 생각대로 되지 않는다는 것을 체험시킨 뒤 실패의 경험을 교훈 삼아 코칭한다.

다섯째, 조금이라도 진전이 보이면 계단식으로 좀 더 높은 목표를 정하고 정확한 기술과 습관을 훈련하도록 돕고 함께 한다. 함께 하는 것은 자녀가 공부할 때 부모는 책을 보며 함께 공부하기, 자습서를 살 때 서점에 함께 가는 행위 등을 말한다.

'위임의 리더십'이 필요한 아이

기업에서 '신뢰'는 비용을 절약하는 지름길이다. 기업은 노동자를, 노동조합은 경영진을 믿지 않음으로 인해 많은 갈등을 만들어낸다. 마찬가지로 가정에서도 부모가 자녀를 믿지 못하면 역시 갈등이 생긴다. 의욕과 함께 어느 정도 성과가 나오는 자녀에게는 부모가 최소한의 시간을 할애하는 것이 좋다. 자녀와 긴 시간을 의미 있고 재미있게 보낸다면 몰라도, 대화가 자주 갈등으로 이어진다면 대화 시간도 최소화하는 것이 좋다. 이미 어느 정도의 성과를 내고 있는 자녀는 스스로 무엇을 어떻게 해야 할지 잘 아는 경우가 많기 때문이다.

공부에 대한 의지와 능력이 모두 높은 자녀들은 부모가 어떻게 도와야 할까? 이를 잘 설명하는 것이 '위임의 리더십'이다. 경청과 질문을 통해 자녀가 더 높은 목표와 열정을 끌어낼 수 있도록 돕는 것이다. 이런 자녀의 경우 코칭의 핵심은 '모든 결정을 자녀가 하도록' 돕는 것이다. 결정 이후에도 실행하는 권한과 책임까지 맡겨야 한다. 하지만 자녀가 오해하지 않도록 주의해야 한다. 부모가 모든 걸 넘기고 팔짱 끼고 있는 듯 보이기보다는, 믿고 신뢰하며 자녀가 잘해왔으므로 스스로 하도록 맡긴다는 점을 이해하도록 해야 한다.

따라서 일정한 시간을 정해서 아이와 정기적으로 대화하는 시간을 갖

'위임의 리더십'이 필요한 아이
공부에 대한 의지와 능력이 모두 높은 '위임의 리더십'이 필요한 자녀의 경우 모든 결정을 자녀가 하도록 돕고, 결정 이후에도 실행하는 권한과 책임까지 맡겨야 한다. 하지만 부모가 무관심하지 않고, 믿고 신뢰하며 자녀가 잘해왔으므로 스스로 하도록 맡긴다는 점을 이해하도록 해야 한다.

고 질문과 경청을 중심으로 한 코칭 대화가 필요하다. 이렇게 시간을 정하면 자녀의 상황을 정기적으로 모니터링할 수 있다.

　상사가 부하 직원에게 "오늘은 바이어와 함께 점심을 먹고 30분쯤 대화를 나눈 뒤, 10분 정도 산책하면서 사업 핵심을 전달하고 오후 3시까지 돌아와 보고하라"는 식으로 말한다면 어떨까? 유능하고 어느 정도 독립심이 있는 직원이라면 1년 안에 따로 나가서 회사를 설립할 가능성이 높다. 의욕과 성공 경험을 다수 가진 사람들은 왜 그 일을 하는지, 어느 정도의 성과를 원하는지 정도만 알려주면 알아서 기대치보다 높게 완수한다.

자녀가 이처럼 의욕과 성적이 모두 높다면 '위임의 리더십'을 사용하라. 공부 계획과 방법에 대한 모든 결정을 자녀가 결정하도록 한다. 목표만 함께 정하되 방법은 스스로 결정하도록 배려한다. 자녀가 특히 '사교형'이라면 부모가 무관심하지 않다는 것을 알려줄 필요가 있다. 따라서 자녀의 생각을 잘 경청해야 한다. 경청이란 사전 판단이나 준비 없이 자녀의 말에 집중하는 태도를 말한다. 높은 성과를 내고 있으며 의욕도 갖춘 자녀라면 적절한 위험을 부담하면서 좀 더 높은 목표에 도전하도록 지도하는 것이 필요하다. 도전을 끌어내는 질문 사례를 보자.

"네가 지난 시험에서 거둔 것보다 더 큰 성과를 내려면 앞으로 무엇을 하지 말아야 하고, 무엇을 해야 할까?"

자녀를 더욱더 넓은 범위에서 사고하게 하고, 자신의 미래나 경력에 관해서 확장된 시야를 갖출 수 있도록 도와줘야 한다. 특히 변화무쌍한 미래에 대해 두려움이나 불안보다는 설레는 마음으로 즐길 수 있도록 돕는 게 코칭이다.

'격려의 리더십'이 필요한 아이

고등학교 1학년 때 전교 20등이었던 아이가 2학년에는 10등 안에 들었고, 3학년에는 수석으로 졸업했다. 우수한 성적으로 대학에 들어가 장학금도 받았고, 학점도 계속 상위권을 유지했다. 그런데 그런 학생이 얼마 전 나를 찾아왔다. 그 아이는 진로에 대한 확신이 없다고 했다. 전공 관련 과제를 하는데 창의성 발휘에 많은 어려움을 느끼고 있다고 했다. 적성검사 중 다중지능검사와 성격검사를 한 뒤 다른 진로검사 일정을 잡았다.

여러 가지를 종합적으로 검토해본 결과, 이 학생의 적성에 문제가 있다기보다는 의욕과 열정을 가로막는 환경과 상황들이 스트레스를 가중시키고 있는 것으로 보였다. 경제적 어려움 이외에 부모님이 헤어지는 상황이 겹치면서 가중된 스트레스가 학생의 창의적 능력을 제한하고 있었던 것이다.

공부를 잘하고 성적도 잘 나오던 아이가 갑자기 성적이 떨어지는 일은 드물지 않다. 먼저 아이의 의욕이 떨어지기 때문에 이런 상황이 방치되면 머잖아 성적도 곧 떨어진다. 집안의 불화나 부모의 이혼 등 불안한 상황은 아이의 의욕을 꺾는다. 이는 '자신감 상실'이나 '의욕 없음'과 같은 현상으로 나타나므로 구분해서 관찰해야 한다. 자녀가 스스로 공부하는, 행복한 자기주도학습을 원한다면 부모가 행복해져야 한다. 행복해지는 방법은 내가 가지고 있지 않은 것을 찾기보다는 내게 현재 있는 것을 헤아려보고 감사하는 것이다. 내게 주어진 것에 대해 감사한 마음으로 말해보고 생각하며 감정을 느껴보라. 이러한 반복 과정을 통해 내가 행복한 사람이라는 확신을 갖는 게 가장 좋은 부모의 자세다.

아이가 아직 학습 능력은 높지만 갑자기 공부에 대한 의욕이 낮아졌다면 앞으로 성적이 떨어질 것이라는 신호다. 이런 아이의 코칭은 부모가 자녀의 의견을 잘 듣는 것이 제일 중요하다. 부모가 자녀의 고민을 들어도 해결되지 않는 경우도 많다. 하지만 그렇다 하더라도 자녀의 말을 듣고 공감하는 것이 중요하다. 공감은 치유력이 있기 때문이다.

가장 친한 친구가 전학을 가서 슬픔에 잠긴 자녀가 있다고 하자. 문제를 해결해줄 수는 없어도 공감해줄 수는 있다. 적극적인 공감 대화를 시도해야 한다. 적극적인 공감 대화란 자녀의 어려움을 듣고 자녀의 감정과 방향성을 읽어주는 것이다. 그래서 자신의 심정을 부모가 함께 안타까워하고 있다는 것을 자녀가 느끼도록 하는 것이다.

가령 전학을 가버린 친구 때문에 의욕이 사라진 아이에게 "친구가 전학 간 아이가 너 하나뿐이니? 좀 지나면 다 좋아져"라고 말하기보다는 이렇게 말하면 어떨까?

'격려의 리더십'이 필요한 아이

우수한 능력을 발휘하고 성과를 내던 학생이 의욕을 잃었을 때는 다정다감한 느낌을 유지해서 아이가 속마음을 털어놓도록 도와야 한다. 이런 아이들은 자신의 일을 알아서 잘해왔고 앞으로도 잘할 수 있기 때문에 공감하며 경청해주는 것이 중요하다.

"친구가 전학을 가니 모든 게 사라진 느낌이겠구나. 친구 때문에 너무 속상하고 힘들겠구나!"

자녀가 최근 의욕을 잃어버린 원인을 알고 해결하는 게 우선이지만, 문제를 해결해줄 수 없는 경우 공감하는 게 무엇보다 중요하다.

우수한 능력을 발휘하고 성과를 내던 학생이 의욕을 잃었을 때 가장 중요한 전략은 '높은 관계적 행동'이다. 즉, 다정다감한 느낌을 유지해서 아이가 속마음을 털어놓도록 도와야 한다. 공부 이야기를 하거나 숙제, 시험 등의 이야기는 꺼내지 말아야 한다. 이런 아이들은 자신의 일을 알아서 잘해왔고 앞으로도 잘할 수 있기 때문이다. 오직 현 단계의 문제를 듣고 공감하며 경청해주는 것이 중요하다.

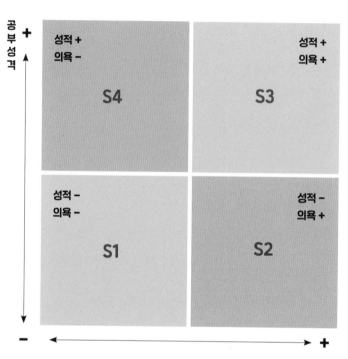

공부성격

+

성적 +
의욕 −

S4

성적 +
의욕 +

S3

성적 −
의욕 −

S1

성적 −
의욕 +

S2

−

+

공부 의욕과 동기부여

< 현재 자녀의 상황 진단 >

변화 순서	자녀의 현 상황	자녀에게 필요한 리더십
①	S1	공부 과업 ⇧ 릴레이션십 ⇩
②	S2	공부 과업 ⇧ 릴레이션십 ⇧
③	S3	공부 과업 ⇩ 릴레이션십 ⇩
④	S4	공부 과업 ⇩ 릴레이션십 ⇧

< 자녀에게 필요한 부모의 리더십 >

도덕적이고 양심적인,
의식 수준이 높은 아이가 크게 성공한다

우리 사회는 서로 신뢰하지 못해서 많은 비용을 치른다. 이러한 불신은 어디서 오는 것일까? 불신은 '부정성'이다. 부정성은 카메라와 달리, 인간이 외부의 정보나 사건을 받아들일 때 '자아'라는 필터를 통해서 받아들이기 때문에 생긴다. 인간 중심 상담의 창시자인 칼 로저스는 인간의 자아 인식이 성격을 설명한다고 보았다.

의식이 낮아서 부정성의 늪에 빠져 있는 사람은 부정적으로 말하고 생각한다. 그러나 비교적 높은 의식에서 말하고 생각하는 사람은 성격의 장단점 중 장점을 발휘한다. 대부분의 사람은 자신의 생각대로 세상이 돌아가길 원하기 때문에 생각한 대로 되지 않을 때 슬퍼하거나 분노한다.

미국이 9·11테러 사건을 복수, 즉 전쟁이라는 선택 대신 협상을 통해 평화적으로 해결했다면 세계 질서는 어떻게 변화되었을까?

다섯 살 때 부모가 누나에게는 사탕을 주고 자신에게는 주지 않은 경험이 평생의 상처가 되어 남은 삶에 부정적인 영향을 끼칠 수 있다. 그때의 상처가 모든 관련 경험을 자기중심적으로 해석하게 만들어 지혜로운 의사결정을 방해할 수도 있다.

도덕적이고 양심적인, 의식 수준이 높은 아이가 크게 성공한다

의식이 낮아서 부정성의 늪에 빠져 있는 사람은 부정적으로 말하고 생각한다. 그러나 비교적 높은 의식에서 말하고 생각하는 사람은 성격의 장단점 중 장점을 발휘한다. 대부분의 사람은 자신의 생각대로 세상이 돌아가 길 원하기 때문에 생각한 대로 되지 않을 때 슬퍼하거나 분노한다.

지금 한국 사회는 좌우 대립이 심각하다. 좌우가 서로 도덕적으로 무장하고 양심을 돌아보며 의식의 수준을 올린다면 어떤 일이 일어날까?

과거 정치인이던 학부모를 코칭하면서 들었던 이야기다. 그 학부모는 "단순히 표를 의식한 정책보다는 더 높은 의식수준에서 만든 정책이 살아남는다"라고 말했다.

에이브러햄 링컨의 노예 해방은 높은 의식의 정책이었다. 간디의 비폭력 투쟁으로 대표되는 인도의 독립운동 의식이 막강한 군사력을 지닌 영국군보다 더 강했다.

미국의 자아초월 심리학자인 켄 윌버는 의식의 성장을 7단계로 설명한다. 1~3단계는 음식, 섹스, 힘에 관련된 것으로 자기중심적 의식 단계다. 여기서 성장하면 4~5단계가 되는데, 이성적 관계를 맺고 의사소통을 하는 단계다. 6~7단계로 가면 주로 세속적인 관심이 줄고 영적인 부분에 눈을 뜨게 되면서 우주적인 의식 단계로 발전한다.

인본주의 심리학자 에이브러햄 매슬로의 욕구 이론을 보면 1단계 생리적 욕구 단계를 거쳐 안전의 욕구로 상승 이동한다. 이어 3단계는 소속의 요구로 켄 윌버의 5단계와 겹친다. 소속의 욕구가 충족된 인간은 존경의 욕구인 성취 욕구로 나아가는데, 이 성취 욕구는 자신에 대한 평가와 남에 대한 평가로 나뉜다. 사람들은 대개 남에 대한 평가 욕구가 높은 관계로 큰 차, 큰 아파트, 적성에 맞지 않지만 타인(세상)의 기준으로 볼 때 잘나가는 직업과 전공학과를 정한다.

미국의 심리학자인 로런스 콜버그의 이론 역시 의식의 발전 단계를 잘 설명하고 있다. 콜버그의 도덕 발전 6단계를 '자녀가 공부해야 하는 이유'의 발전 6단계로 설명하면 다음과 같다.

1단계 : 엄마에게 혼나지 않으려고 공부한다.

2단계 : 엄마에게 칭찬과 상을 받으려고 공부한다.

3단계 : 모든 사람에게 착한 사람, 괜찮은 사람으로 보이고 싶어 공부한다.

4단계 : 처음으로 양심과 가책 등을 느끼며 도덕을 지키고 스스로 공부한다.

5단계 : 나와 세상을 위해 공부는 의미 있고 가치 있는 일이라는 것을 이해한다.

6단계 : 자신이 공부해서 세상에 기여하고 이런 삶이 가치 있다는 점을 자각한다.

대부분의 경우 1~2단계(도덕적 발전의 보통 이하 수준)는 9세까지 완성된다. 대부분의 사람들은 20세 이후가 되어야 비로소 마지막 두 단계에 도달한다.

자녀의 학습 역량을 객관적으로 파악하자

독일의 식물학자 리비히가 1840년에 '필수 영양소 중 성장을 좌우하는 것은 넘치는 요소가 아니라 가장 부족한 요소'라는 최소의 법칙(Law Of Minimum)을 발표했다. 가령 질소, 인산, 칼륨, 석회 중 어느 하나가 부족하면 다른 것이 아무리 많이 들어 있어도 식물은 제대로 자랄 수 없다는 것이다. 자녀의 성적도 이 '최소의 법칙'이 적용된다. 자기주도학습을 통해 자녀의 성적과 성과를 15가지 항목으로 나눠 객관적으로 평가하고, 부족한 부분을 보충해야 자녀의 성적을 올릴 수 있다. 15가지 항목을 살펴보면 다음과 같다.

1. 동기부여

자녀에게 물어보라. "너는 배우는 것이 즐겁고 좋으니?" 정말 그렇게 생각한다면 10점, 그런 편이면 5점, 전혀 그렇지 않다면 1점. 1~10점으로 동기화 수준을 측정할 수 있다. 공부를 잘하고 싶은지, 잘하기 위해서 아이가 구체적인 노력을 기울이는지의 정도를 측정한다.

2. 계획성

장기(20년 이상) 계획과 중기 계획(1년 이상 20년 이내) 그리고 1년 이내의 단기 계획으로 나눠진 문서 계획을 자녀가 가지고 있고 이를 실천해나가고 있는가? 이런 장기 계획에 따른 월간·주간·일간 목표가 있고, 30분 단위로 내 삶을 계획하며 체크하고 수정해나간다면 매우 만족한 수준, 즉 10점이 될 것이다.

3. 암기능력

공부할 때 책 내용을 먼저 이해한 뒤에 암기하고, 암기 기술을 적어도 3개 이상 사용한다면 10점이다. 그러나 무작정 외우기만 한다면 1점이다.

4. 읽기능력

문제를 잘못 읽어서 틀리는 경우가 많은 아이들이 있다. 이런 아이에게 이렇게 질문해보자. "책을 읽을 때 정독해서 읽을 때와 속독할 때를 구분할 수 있니? 또 잘못 읽어서 시험에 틀리는 경우가 별로 없니?" 없다면 10점이지만 자주 발견되면 1점이다.

5. 노트 필기

수학 점수가 잘 오르지 않는 아이들은 주로 문제집의 빈 곳을 활용해서 문제를 푼다는 특징을 가지고 있다. 이런 방법으로는 수학 점수를 올리기 힘들다. 왜냐하면 수학은 밑줄 친 빈 노트에 차분히 정서해서 풀어가야 틀린 부분을 알 수 있고 정확한 답을 찾아낼 수 있기 때문이다. 코넬 노트나 마인드맵을 모두 알고 활용한다면 10점, 알고만 있다면 5점, 모르면 1점이다.

6. 시험 노하우

더 이상 성적이 오르지 않는 저항점이 나올 때마다 힘들어하는가? 시험시간에 긴장감을 적절히 극복하고 차분하게 시험에 임하며, 어려운 문제를 만나면 뒤로 미루고 긴장 정도를 조절하는 방법 등의 시험 노하우를 갖고 있다면 10점, 남들이 아는 만큼 알고 있다면 5점, 매우 부족하다면 1점이다.

7. 의사소통

의사소통은 점점 더 학습의 중요한 조건이 될 것이다. 아이비리그에 어렵게 입학한 한국인 유학생의 상당수가 중도 포기하거나 유급 등의 심각한 문제로 되돌아온다고 한다. "나는 친구나 주변 사람들에게 나의 감정 상태가 어떠한지, 무엇을 원하는지 솔직하게 의사표현을 한다. 또는 기분 나쁠 때도 상대방을 비난하지 않고 솔직한 대화를 나눌 수 있다." 그렇다면 10점이다.

8. 사고력

역지사지하지 못하는 아이들이 많이 늘어나고 있다. 상대방의 처지에서 생각해보는 능력이 극도로 떨어지고 있다. 이렇게 질문해보자. "나는 교과 내용을 읽다가 이해가 어려운 부분이 나와도 포기하지 않고 이해하기 위해 반복해서 읽어보는 등의 다양한 노력을 통해 대개는 이해를 하는가?" 그렇다면 10점이다.

9. 건강

대부분의 아이들이 즉석식품과 편식에 빠져 있고, 좋지 않은 자세로 앉는 습관을 가지고 있다. 성적이 오르지 않는 이유 가운데 하나가 자신의 건강 탓이라는 것을 잘 알지 못한다. 일대일 코칭을 통해서 아이들에게 시험을 며칠 앞두고 체력 문제로 공부를 더 하지 못했던 기억 등을 찾아내도록 한다. 그리고 아이들에게 좋지 않은 식습관과 잘못된 자세 등이 문제라는 점을 깨우쳐준다. '나는 시험을 며칠 앞두고 하루 종일 집중해서 공부할 수 있을 만큼 체력이 충분하다.' 그렇다면 10점이다.

10. 목적의식

하는 일마다 이유를 찾을 수 없으며, 인생의 목적과 목표가 없다면 1점. 일마다 정확한 목표가 있고 흔들리지 않는 방향성을 가지고 있다면 10점이다.

자녀의 학습 역량을 객관적으로 파악하자

자기주도학습을 통해 자녀의 성적과 성과를 15가지 항목으로 나눠 객관적으로 평가하고, 부족한 부분을 보충해야 자녀의 성적을 올릴 수 있다. 최종적인 성공은 자녀가 좋은 공부 습관을 갖도록 만드는 것이다. 3개월, 6개월, 1년이 지속된다면 성공이다.

11. 공부의식

아이들에게 곧잘 이렇게 묻는다. "너는 왜 공부하니? 공부하는 이유가 뭐니?" 그러면 아이들은 다양한 대답을 한다. "엄마한테 혼나지 않으려고요." 이 경우가 1점이다. "원하는 학교에 입학하려고요", "취업해서 잘 살려고요."(5점) "내 꿈을 위해서요. 내가 성공해서 이 세상에 어려운 사람들을 돕기 위해서요."(10점) 공부의 이유는 공부의 효율성을 끌어올린다. 같은 시간에 같은 단어를 외워도 공부하는 이유가 분명한 아이들이 훨씬 더 많은 단어를 외우고 공부도 잘한다.

12. 무의식

자녀들이 공부하지 않는 이유는 공부를 해도 성적이 오르지 않을 것이라는 생각 때문이다. 이렇게 질문해보자. 나와 내 주변의 환경과 사람들을 생각하면 늘 부정적인 것이 떠오르는가, 아니면 긍정적인 것이 주로 떠오르는가? 자녀의 말과 생각, 감정, 신념의 부정적인 정도가 점수다. 모두 부정이면 1점, 긍정이면 10점, 반반 섞였다면 5점이다.

13. 자기조절 능력

게임, 피시방, 닌텐도, 텔레비전 등 다양한 중독 요소들이 주변에 있다. 또 친구들과 놀고 싶은 충동 때문에 자기조절에 실패하는 경우도 있다. 아이에게 이렇게 질문해 보라. "오늘 할 일을 내일로 미루어서 당황하는 일이 없는 편이니?" 그렇다면 10점이다.

14. 공부 습관

최종적인 성공은 자녀가 좋은 공부 습관을 갖도록 만드는 것이다. 3개월, 6개월, 1년이 지속된다면 성공이다. 자녀에게 질문해보라. "하루 전 예습과 수업 후 복습 등을 자연스럽게 진행하며 가끔 이런 일을 거르는 게 오히려 부자연스런 느낌이 드니?" 그렇다면 10점, 반대는 1점, 중간은 5점이다.

15. 공부 환경

공부하기 좋은 환경에 있으면서 공부하지 않는 아이도 있지만 열악한 환경 때문에 공부에 방해받는 아이들도 있다. 초등학생들은 이런 상황을 부모에게 정확히 전달하지 못하는 경우가 많다. 자녀에게 물어보라. "네가 공부하는 네 방과 학교는 공부하기에 최고의 환경으로 마련되어 있니? 또 가족과 친구와 선생님이 마음에 들고 만족스럽니?" 그렇다면 10점, 아니면 1점이다.

15가지 항목을 모두 부모가 확정 후, 먼저 최소치에 해당되는 2~3개 항목을 평균치로 올려야 한다. 그다음, 연 2회 정도 반복하되 성공을 위해서는 장점을 더 강력하게 올려야 한다.

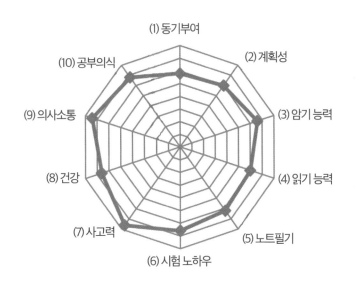

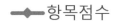항목점수

4장
올바른 학습 코디 기술

시험을 앞둔 자녀의 불안을 극복하는 방법

늘 시험을 앞두고 불안과 초조, 두려움을 호소하는 학생이 있다. 우수한 학생 중에 오히려 이런 아이들을 자주 본다. 다가오는 시험을 앞두고 불안해하는 자녀를 도울 수 있도록 실천해보자.

첫째, 가벼운 불안, 초조, 두려움을 가진 사람들을 위한 호흡법이다. 호흡법만으로도 불안과 초조, 두려움이 상당히 낮아지는 경향이 있다. 눈을 감고 3초간 길게 숨을 들이마신 뒤, 다시 3초간 날숨을 일정하게 내뱉는다. 이때 가능한 만큼 깊이 들이쉬고 내쉬는 것이 요령이다. 이렇게 간단히 호흡하는 것만으로도 불안, 초조, 두려움이 다소 사라진다.

좀 더 정신을 집중하기 원한다면 2단계 방법으로 이어간다. 3초간 호흡을 들이쉬고 3초간 멈추었다가 6초간 숨을 내쉬고, 다시 처음처럼 3초 간 호흡을 들이쉬고 3초 멈추고 6초 내쉬는 것을 5분 정도 반복한다.

둘째, 시험 불안이 비교적 높은 사람들을 위한 코칭 방법으로 코칭 명상법을 소개해본다. 먼저 눈을 감고 호흡에 집중한다. 그리고 들숨과 날숨이 코를 통해 들어오고 나갈 때 온도가 다르다는 것을 느껴본다.

호흡에 집중하면서 지금 내 안에 있는 불안, 초조, 두려움을 느껴본다. 그리고 이런 부정적인 정서가 너무나 지나쳐서 시험을 망칠 것 같은 느낌을 극도로 느낀다면 10점, 겨우 느끼는 정도라면 1점, 느껴서 불편하지만 시험을 보는 데 큰 지장까지는 아닌 경우를 5점이라고 할 때, 나는 1점부터 10점 중 몇 점인지 체크해본다. 0점은 완전히 사라진 경우다. 10점 만점으로 체크한 후 내 마음, 내 의식을 느끼는 것이 두뇌라고 가정해본다. 즉, 내 머리를 중심으로 지름 3미터쯤 되는 가상의 원을 그려보는 것이다. 그리고 방금 체크했던 그 느낌들이 이 원 가장자리 쪽에서 느껴지는지 체크해본다. 보통은 느껴질 것이다. 혹시 느껴지지 않는다면 다음 과정을 생략하고 그다음으로 넘어간다.

느껴지는 사람들은(처음부터 낮은 점수 2점 이하가 아닌 대부분 여기에 해당된다) 이제 가능한 한 본인이 여행해본 곳 중에 지금 있는 곳에서 가장 멀고 좋은 인상을 받았던 장소를 떠올려본다. 내가 있는 곳이 서울이라면 가령 동해 바다, 제주도, 미국의 캘리포니아 해변, 스위스의 알

프스도 좋고, 상상력을 발휘해 지구 끝, 달나라, 태양계를 생각하며 이러한 불안, 초조, 두려움의 에너지가 느껴지지 않는 곳까지 원을 키워서 그려야 한다. 그리고 그런 느낌이 느껴지지 않는 곳이 나오면 원을 키우는 것을 멈추고 모두 다 그대로 둔 채 내 마음, 내 의식을 원 밖의 좋았던 장소로 내보낸다. 이때 원 밖으로 내 의식이 나갔는지를 알 수 있는 두 가지 방법이 있다. 하나는 내 몸이 갑자기 편안해지는 것이고, 또 다른 하나는 갑자기 우주에 홀로 놓인 것 같은 광활함이 느껴지는 것이다. 마치 외로움 같은 느낌인데 고즈넉하고 조용한 곳에 홀로 놓인 듯한 느낌이 들면 역시 원 밖으로 나간 것이다. 두 가지 느낌과 유사한 느낌이 들면 아주 잘한 것이다.

셋째, 60초간 이 편안하고 외로움 같은 고즈넉한 느낌을 온몸에 채우고 기다리는 것이다. 대략 1분이 흐른 뒤에 이렇게 말해본다.

"이제 눈을 뜨지 말고 나를 힘들게 했던 불안, 초조, 두려움의 에너지를 마음의 눈으로 쳐다봐. 쳐다만 봐도 부정적인 에너지가 점점 사라지는 것을 눈치채 봐! 눈치챘지?"

이때 그렇다고 하면 아주 성공적으로 코칭이 된 것이다. 그러면 이제 3~10분 정도 기다려주면서 아이가 처음 낮추고 싶어 했던 부정적인 정서를 물어본다. 가령 불안, 초조, 두려움이었다면 불안의 에너지가 몇 점으로 내려갔는지 물어본다. 메모 후 다시 초조의 에너지, 이어서 두려움

시험을 앞둔 자녀의 불안을 극복하는 방법

늘 시험을 앞두고 불안과 초조, 두려움을 호소하는 학생이 있다. 다가오는 시험을 앞두고 불안해하는 자녀를 도울 수 있도록 실천해보자. 첫째, 호흡하기. 둘째, 호흡에 집중하면서 명상하기. 셋째, 편안한 느낌을 온몸에 채우고 기다리기.

의 에너지는 몇 점인지 물어본다. 이렇게 각각의 부정적 에너지가 0점이 될 때까지 계속 10~30초 간격으로 물어보면서 모두 0점이 되었다면 성공적인 코칭이 된 셈이다. 조금만 내려갔어도 매우 도움이 될 수 있으므로 성공적이라 할 수 있다. 7점에서 2점 내려가 5점이라도, 시험을 볼 때 큰 실수를 대부분 줄일 수 있기 때문이다.

부모가 주의할 것은 이러한 방법을 통해 자녀가 도움을 받을 수 있다고 긍정적으로 생각하는 태도가 결과를 좌우한다는 사실이다. 따라서 자녀에게 무작정 하게 하는 것이 아니라 사전에 10분 정도 시간을 내서 왜 이것을 하는지, 하고 나면 어떠한 유익이 있는지 등을 설명함으로써 자녀가 편안하게 코칭을 받을 수 있도록 할 때 더욱 효과적이다. 참고로 분노, 두려움, 불안 등 대부분의 부정적 감정도 처리가 되므로 학교 교사가 학생들을 지도할 때나, 부부 싸움으로 화가 날 때 사용해보면서 분노를 처리하는 방법으로 활용하기 바란다.

시험이 남긴 교훈을 부모와 함께 되새겨보자!

시험을 마친 아이들이 마음껏 놀고 싶어 하는 것은 당연한 일이다. 마음껏 놀게 하는 것도 공부할 때 열심히 몰입할 수 있는 조건이 된다. 시험이 끝난 날은 아이가 시험이 끝나면 하겠다고 메모해두었던 소망 목록(Wish List)을 할 수 있도록 허락한다.

시험은 자녀에게 많은 교훈을 남긴다. 시험이 남긴 교훈을 부모가 함께 되새겨보는 건 의미 있는 일이다. 하루 이틀 휴식을 가진 뒤, 다음의 내용을 함께 해보라.

첫째, 시험 오답을 정리해본다. 가령 국어의 경우 교과서를 중심으로 노트하며 공부해왔는데 틀린 문제가 교과서에 표시가 되어 있었는지, 그러지 않았는지를 점검한다. 자녀가 수업 시간에 놓친 건지, 아니면 몇 권의 문제집을 풀면서도 교과서에 옮겨놓지 못한 것인지 확인한다.

둘째, 알고 맞은 문제를 제외하고 다음의 문제들은 한 번 더 챙겨둘 필요가 있다. 아는데 틀린 문제는 반드시 대책을 세워야 한다. 몰라서 틀린 문제나 잘 모르는데 맞힌 문제 등은 오답 정리의 대상이다. 이런 문제들을 잘 정리해두어 기말고사 때 유사 문제에서 실수하지 말아야 한다. 항목별로 다음 시험을 위한 교훈과 대책을 함께 찾아보는 것도 잊지 말자.

셋째, 시험 계획을 검토해본다. 시험 계획은 적절했는가? 준비 기간은 충분했는가, 부족했는가? 부족했다면 왜 부족했는가? 공부 계획을 세웠으나 실천이 부족했다면 그 이유는 무엇인가?

넷째, 공부를 위해 내 환경에 점수를 준다면 10점 만점에 몇 점을 주겠는가 물어본다. 10점이 아니라면 그 이유는 무엇인지, 문제를 해결하기 위한 노력 한 가지를 찾아본다면 어떤 것인지 따져본다. 공부 장소와 공부 시간과 공부 방법 등 전반적인 만족도를 물어보고 개선책을 스스로 찾아보도록 한다.

이때 학원이나 과외 등의 효율성도 10점 만점으로 물어보고, 효율성이 낮은 것은 개선책을 찾는다. 이것도 아이가 스스로 방법을 찾을 수 있도록 질문한다. 다만 좋은 아이디어가 부족해서 도움을 원하는 경우에는 부모와 자녀가 함께 아이디어를 교환한다. 아이디어가 충분해지면 자녀에게 어느 것을 먼저 시도하고 싶은지 선택하도록 하는 것이 좋다.

다섯째, 취약 과목 대책을 찾는다. 가령 수학 점수가 낮은 아이에게 이렇게 질문한다. "네가 수학 점수를 좀 더 높이기 위해 노력해보고 싶은 것이 있다면 뭐니?" 이때 아이가 학원을 그만두고 인터넷 강의를 듣겠

시험이 남긴 교훈을 부모와 함께 되새겨보자

모든 외적 원인에도 불구하고 결국 관리의 주체인 자신의 내적 요인이 중요하다는 사실을 받아들이도록 코칭 질문을 활용한다. "너의 성적에 기여한 것을 각각 10점 만점으로 점수를 준다면 능력, 노력, 행운 중 가장 높은 것과 낮은 것은 뭐라고 생각하니?"

다고 방법을 제시할 수 있다. 혼자 스스로 집에서 공부하던 아이라면 독서실이나 학교 도서관에서 공부하는 것도 새로운 대책이다. 분위기가 안 좋아서 공부에 방해를 받았다면 새롭게 장소를 옮겨보는 것도 좋은 시도다.

여섯째, 다음 시험 때는 어떤 노력을 해보고 싶은지 물어본다. 원하는 점수를 받았을 때 스스로에게 선물하고 싶은 것이 있다면 무엇인지 물어본다. 스스로가 보상하는 것과 부모가 보상하는 것도 가능하다. 다만 외적 보상에 너무 치중하는 것은 좋지 않다. 서서히 공부 자체의 즐거움과 보람으로, 즉 내적 보상으로 바꾸어가는 것이 좋다.

시험이 끝난 후에는 시험이 남긴 교훈을 정리해보는 걸 자녀와 실천해보자. 또 모든 외적 원인에도 불구하고 결국 관리의 주체인 자신의 내적 요인이 중요하다는 사실을 받아들이도록 코칭 질문을 활용한다.

"네가 그럼에도 불구하고 역경을 해결하기 위해 어떤 것을 해야 할까? 또는 어떤 것을 하지 말아야 할까?"

"너의 성적에 기여한 것을 각각 10점 만점으로 점수를 준다면 능력, 노력, 행운 중 가장 높은 것과 낮은 것은 뭐라고 생각하니?"

방학을 계획적으로 준비하라!

봄방학은 짧고 겨울과 여름방학은 길다. 그래서 특히 봄방학은 욕심을 내기보다는 지킬 수 있는 계획으로 새 학기를 준비하는 것이 좋다. 긴 겨울방학을 보낸 뒤라 규칙적인 공부 습관을 익혀 3월부터 시작되는 신학기를 준비하는 것으로 목표를 삼는 게 좋다. 봄방학도 수학이나 영어와 같은 핵심과목과 독서를 중심으로 공부하되, 나머지 과목들도 과목별로 하루 20분 이내로 새로 받은 교과서를 눈으로 한 번 읽고 두 번째는 연필로 중요한 키워드에 밑줄을 치면서 읽는 예습 정도면 된다. 시간은 개인별, 상황별로 조정하는 것이 좋다.

초등학생 저학년은 2시간 전후 공부와 운동으로 일정을 짜되 3가지 이상의 학원이나 외부 활동으로 너무 빠듯하게 하기보다는 해야 할 일을 부모가 자녀와 함께 준비한다. 왜 이런 공부와 활동을 하는지 아이 스스로 공감되어야 한다.

몇 년 전 서울의 한 중학교에서 작은 기적을 경험한 적이 있다. 자기주도학습 코칭 교사 연수를 맡았던 인연으로 이 학교의 선생님들 중 방과후 교사를 자원한 선생님 4명을 1년간 밀착해서 도와드렸다. 아이들을 지도하면서 느끼는 애로사항과 운영 과정에서의 문제점을 선생님들과 함께 풀어나가는 방식의 멘토링 수업이었다. 1년 뒤 중하위권 정도 성적의 아이들이 대부분 10% 상위 그룹에 올랐다. 교사가 교육과정에 대한 확신과 열정이 있었고 왜 이 수업을 하는지, 왜 이 수업이 중요한지, 이 수업을 잘하면 어떤 유익함이 있는지를 먼저 확신한 뒤 아이들에게 설명한 것이 효과적이었다. 이런 교사의 확신과 열정이 아이들을 분발하게 하여 첫 시험부터 성과로 나타나자 아이들도 확신하며 선생님을 따랐다. 아이들은 지속적인 예습과 수업 시간 전후의 수업일기 쓰기 그리고 복습으로 이뤄진 자기주도학습을 실천했다.

초등학생 고학년은 하루 3~4시간 정도의 학습 일정을 소화해나가는 것을 목표로 하되 계획 안에 독서, 운동, 취미생활도 골고루 섞어서 지루하지 않게 한다. 특히 중요한 것은 시간 계획과 함께 공부 분량을 계획하는 것도 함께 훈련해나가야 한다. 1시간에 10개의 단어 암기로 시작했다면 꾸준히 10개를 외운 다음에는 15개, 20개로 목표를 계단식으로 조금씩 올려가는 것이 좋다. 꾸준히 훈련하면 중3이나 고등학생 때는 하루에 100~200개도 가능해진다. 영어 공부 중 가장 가성비가 높은 수업은 단어 암기다. 수학 문제를 풀 때는 교과서 중심으로 개념을 노트에 옮기면서 정리하고, 문제 풀기 과정을 통해 개념을 이해한다. 상위권 아이들은 오답노트를 활용하고, 중하위권 아이들은 반드시 밑줄 친 노트로 또박또박 정서하며 풀도록 한다. 풀다가 모르는 문제는 별표로 표시한다. 개념

방학을 계획적으로 준비하라

봄방학은 욕심을 내기보다는 지킬 수 있는 계획으로 새 학기를 준비하는 것이 좋다. 긴 겨울방학을 보낸 뒤라 규칙적인 공부 습관을 익혀 3월부터 시작되는 신학기를 준비하는 것으로 목표를 삼는 게 좋다. 시간은 개인별, 상황별로 조정하는 것이 좋다.

·

이해를 통해서도 도저히 이해되지 않는 문제는 답을 풀어가는 과정이 나온 정답을 보되 아주 조금씩 아껴 보면서 이해되면 즉시 답안지를 보지 않고 스스로 풀어야 한다.

중학생은 하루에 3시간 이상, 상위권 학생들은 5시간 내외로 자기주도학습을 실천할 수 있노록 한나. 하루가 모두 학원 수업으로민 채워져서는 안 된다. 아이들은 스스로 공부하는 시간을 만들어야 성적이 오른다. 학원에서 보낸 시간의 양과 성적은 아무 관련이 없다. 내가 코칭하는 아이 중에는 6년간 다니던 종합반 학원을 정리하고 학교 수업 후 밤 10시 전후까지 공부해서 3개월 만에 평균 11점을 올린 사례가 있다. 곧 중2가 되는 아이였다. 심지어 평균이 21점 올라간 고1 아이도 있었다. 성적은 스스로 공부한 시간과 비례한다. 중학생을 학원에 보내면 내신 성적을 유지할 수는 있으나 고등학교에서 성적이 떨어질 가능성이 매우 높다. 학습 희열도를 떨어뜨려 공부가 지겨워지고 어느 날 '포기'라는 극단의 선택을 하게 될 수도 있다. 이런 학생들은 공부의 부담을 줄이고 의미와 재미를 찾을 수 있는 문화나 교양 활동을 하는 게 유익하다.

고등학교 신입생은 봄방학을 진로 진학을 위한 준비의 시간으로 활용하는 것이 좋다. 1학년의 경우 장문 독해를 위한 영어 문법 공부가 필요하며, 영어 단어와 어휘력도 더 늘려가야 한다. 수학은 새 학기 내용을 미리 공부하되 양보다 깊은 이해가 중요하다. 같은 문제집을 3~7번 이상 반복해서 풀어야 깊은 이해를 통해 응용문제를 풀 수 있는 실력을 갖출 수 있다.

예습은 가능한 한 짧게 하라!

부모가 꼭 알아야 할 자기주도학습의 핵심을 정리해본다.

첫째, 내일 국어, 영어, 수학, 과학, 사회 수업이 있다면 오늘 이 과목들을 한 과목당 20분이 넘지 않도록 예습하는 것이다. 실천하고 있는 자녀들이 있다면 초등학생의 경우는 성적이 상위 1% 이내, 중고등학생은 상위 10% 이내일 가능성이 높다. 이는 중고등학교 학부모 특강이나 연수 현장에서 확인해본 결과다.

예습할 때 주의할 점은 가능한 한 짧게 하라는 것이다. 예습은 효율성이 낮은 학습법이기 때문이다. 예습은 본래 학습이 아니라 수업을 잘 받기 위한 준비에 가깝다. 단원의 앞과 윗부분에 나오는 해당 단원의 공부 목표 등을 반드시 읽어야 한다. 그리고 나서 눈으로 가볍게 한 번 더 읽어본다.

둘째, 교과서를 읽을 때는 수업 목표에 해당하는 중요한 키워드와 문장에 연필로 밑줄을 그으며 읽는다. 밑줄은 전체의 10~30% 정도면 적당하다. 학습 목표를 질문으로 바꾼 뒤 답을 찾아 밑줄을 그으면 좋다. 상위권으로 진입하고자 하는 학생들은 가볍게 키워드 중심의 마인드맵으로 정리해주면 좋다. 이때 새로운 키워드나 문장 중에서 이해가 안 되는 것에는 물음표를 표시하고, 수업 시간에 선생님의 설명을 주의해서 듣는다. 선생님의 수업으로도 이해되지 않는다면 즉시 질문한다.

과목마다 선생님의 요구에 따라 조금씩 예습 방법이 달라질 수 있다. 철저한 예습으로 수학 1등급을 성취한 학생의 수학 예습 방법을 소개해본다. 노트를 반으로 접어서 교과서를 읽으며 주요 개념과 공식을 노트 왼쪽에 정리한다. 문제는 풀이 과정을 노트에 반드시 정서하며 푼다. 문제집에 풀면 자신이 틀린 부분을 확인하기 어려워 효율적인 연결 학습이 힘들고, 답을 써두면 반복해서 풀 때 방해가 된다. 오른쪽은 수업 시간에 선생님의 문제 풀이 방식과 비교하기 위해 비워둔다. 모르는 문제도 정확히 막힌 부분을 표시해둔 뒤 수업 시간에 해결해나간다. 이렇게 하면 오답 노트처럼 활용할 수 있다.

사회와 과학의 경우에는 도표나 그림을 충분히 이해하는 것이 중요하다. 이를 위해 먼저 교과서에 나오는 그림이나 도표에 대한 설명을 찾아서 밑줄을 긋고, 그림과 함께 밑줄 친 부분을 읽으며 그림을 이해한다. 이제 충분히 이해되었다면 보지 않고 그림을 그릴 수 있어야 하며, 그림을 설명할 수 있으면 된다.

자기주도학습은 수업 하루 전 예습으로 시작해서 다음 날 수업으로 연결되고 수업 후 당일 복습으로 종결된다. 좀 더 효율적이기 원한다면 수업 3~5분 전에 어제 예습한 내용들을 한 번 더 살펴보며 선생님이 수업

예습은 가능한 한 짧게 하라

내일 국어, 영어, 수학, 과학, 사회 수업이 있다면 오늘 이 과목들을 한 과목당 20분이 넘지 않도록 예습하라. 예습은 본래 학습이 아니라 수업을 잘 받기 위한 준비에 가깝다.

을 어떻게 풀어가실지 한번 상상해보는 것이 좋다. 자녀에게 수업 시간에 선생님과 '눈을 마주치고', '고개를 끄덕이고', '필기하고', '모르면 질문하고' 이 4가지를 실천하도록 알려준다. 이것은 선생님과 학생의 관계를 결정한다. 수업 후에는 다시 3~5분 동안 오늘 배운 것 중 중요한 키워드를 기억에 의존해서 생각나는 대로 노트 왼쪽에 적어본다. 7다음

노트 오른쪽에 교과서와 필기한 것을 참고해서 빠진 키워드들을 적는다. 이것을 '3분 키워드 적기' 또는 '수업일기'라고 한다. 이 수업일기는 시험을 위해 1~2시간 공부하는 것보다 성적을 올리는 데 더욱 효과적이다. 시험은 단기 기억을 묻는 것이 아니라 장기 기억을 테스트하는 것이기 때문이다. 시험 때 기억나도록 배운 것을 담아두려면 제일 중요한 것이 '반복'이다.

이렇게 예습과 수업을 거친 다음에는 수업 후 8~9시간이 넘지 않도록, 즉 당일 저녁에 복습을 한다. 이렇게 하면 예습 2번, 수업과 전후 3분을 합쳐서 3번, 복습에서 1번만 해도 6번을 공부하게 된다. 여기에 시험 기간에 다시 반복하면 7번이나 반복해서 공부할 수 있다.

수학 공부는 하루도 쉬지 않고 해야 한다!

축구를 너무나 좋아해서 손목에 깁스를 하고도 축구를 하는 중학교 3학년 태호라는 아이가 있다. 이 아이는 "축구를 얼마나 좋아하느냐?"라는 질문에 "100점 만점에 당연히 100점"이라고 말할 정도였다. "공부는 100점 만점에 얼마나 좋아하느냐"고 묻자 "당연히 0점이죠"라고 말하기도 했다. 공부하기 가장 어려운 과목이 무엇인지 물었다. 태호가 가장 어려워하는 건 수학이었다.

"수학 수업 시간 전에 예습은 하니?"

"아니요."

"그럼 이제부터 반드시 수학 수업 범위를 감안해서 교과서 또는 자습서를 놓고 예습하는 거야."

이렇게 말해놓고 다음의 질문에 정말 맞으면 3점, 아니면 1점, 중간이면 2점으로 대답하라고 했다. 태호의 대답은 대부분 1, 2점이었다.

태호의 수학 점수가 낮은 이유는 아래 10개의 질문과 대답에서 알 수 있었다.

1. 수학 문제집은 한두 권을 정해놓고 반복해서 본다. (1점)

2. 개념이나 공식은 꼼꼼히 이해하고 암기한다. (2점)

3. 내 수학 실력을 고려하여 풀이할 문제의 범위를 정한다. (1점)

4. 수학 문제는 문제집이 아닌 별도의 노트를 활용해서 깨끗이 잘 정리하면서 풀어 나간다. (3점)

5. 오답노트를 만들거나 문제집에 표시를 해두는 방식으로, 틀렸거나 어려웠던 문제를 다시 풀어본다. (2점)

6. 혼자 힘으로 풀기 어려운 문제는 선생님이나 친구에게 묻거나 또는 직접 풀이집을 봐서 확인하고 넘어간다. (1점)

7. 학교나 학원에서 선생님이 풀어준 문제를 혼자서 다시 풀어본다. (1점)

8. 시험 전날에는 시간을 측정해가며 일정 시간 안에 문제를 푸는 연습을 한다. (1점)

9. 선행 학습에서 배우고 있는 내용을 충분히 이해하고 있다. (1점)

10. 시험을 볼 때 잘 안 풀리거나 모르는 내용이 나오면 과감히 별표를 하고 다른 문제를 먼저 푼 뒤에 나중에 다시 본다. (2점)

"자, 그럼 이제부터 예습을 꾸준히 하되 노트의 반을 접어서 왼쪽만 사용하고 오른쪽은 비워두고, 수업 시간에 선생님이 풀어주면 같이 다시 한 번 풀어보는 거야, 알겠지?"

수학 예습은 교과서로 한다. 개념과 원리가 이해될 때까지 정독하고 예제를 반드시 풀어봐야 한다. 복습할 때는 몰랐던 문제, 선생님이 풀어준 문제를 스스로 풀어본다. 시계를 옆에 두고 풀어서 항상 정해진 시간

수학 공부는 하루도 쉬지 않고 해야 한다

수학은 매일 일정 분량을 정해놓고 가능한 한 하루도 쉬지 않고 꾸준히 해나가는 게 중요하다. 수학 교과서나 자습서도 2회 이상 반복해서 공부한다. 즉, 자신에게 맞는 문제집 또는 수준에 맞는 난이도의 문제를 공략해서 자신감을 잃지 않도록 한다.

안에 해결해야 한다.

　수학은 매일 일정 분량을 정해놓고 가능한 한 하루도 쉬지 않고 꾸준히 해나가는 게 중요하다. 수학 교과서나 자습서도 2회 이상 반복해서 공부한다. 즉, 자신에게 맞는 문제집 또는 수준에 맞는 난이도의 문제를 공략해서 자신감을 잃지 않도록 한다. 처음부터 심화문제는 피하고, 반드시 연습장에 줄을 맞춰 정성껏 또박또박 문제를 풀어가야 한다. 문제집에는 답 대신 공부의 흔적과 궤적을 남긴다. 예를 들면, 풀었지만 틀린 문제(별표 하나로 표시), 답을 보고 나서야 이해한 문제(별표에 동그라미 표시), 답을 보고도 이해하지 못한 문제(별 2개 표시), 다시 풀어보니 풀린 문제(별 2개에 동그라미 하나 표시) 등을 구분해야 한다. 답을 보고도 도저히 이해되지 않을 때는 반에서 수학을 잘하는 친구에게 물어본다. 서로 눈높이가 같아 친구의 설명이 쉬울 때가 많기 때문이다.

새 학기는 목표를 세우고 시작하자

'꿈'이란, 인생을 살면서 한 번쯤 이루고 싶은 것이라고 할 수 있다. 꿈에서 마감 시간과 가능성, 나와의 관련성, 계량화 등의 조건들을 구체화하면 그 꿈은 '목표'가 된다.

새 학기 목표는 2~3개월 뒤에 있을 중간고사의 성적을 대상으로 하는게 좋다. 목표는 등수보다는 점수로, 점수보다는 자기주도로 공부할 시간과 공부 분량으로 정하는 것이 더욱 좋다. 등수로 목표를 세우면 목표등수보다 성적이 나오지 않았을 때 문제가 된다. 아이들은 등수와 자신의 가치를 동일시하게 된다. 하지만 매일의 공부 시간과 공부 분량을 목표로 하는 경우에는 공부의 결과가 공부 시간과 공부 분량에 있다는 점을 더 강조할 수 있다. 따라서 공부 결과를 자신의 가치와 연관시켜 성적비관 관련 사고와 같은 비극을 사전에 예방할 수 있다.

왜 목표를 세워야 하는가? 미국 하버드대와 예일대 공동연구 결과인 1953년 MBA 졸업생의 20년 뒤 성공률 조사를 보자. 최상위 3%의 성공자들은 인생 목표와 실천 방법을 문서로 구체화하고 실천했다는 공통점이 있었다. 상위 10% 부유층은 인생의 목표는 있으나 문서화하지 않았다는 공통점이, 60%의 서민층은 모두 단기 계획만 가지고 졸업했다는 공통점이 있었다. 마지막으로 빈곤층 27%는 세계 최고의 대학문을 나설

때 아무런 계획도 없었고 졸업 후에도 무계획적으로 살았다고 한다.

목표를 세우면 방황하는 일반인에서 중요한 인물이 된다고 자기계발의 세계적 명사인 지그 지글러는 강조한다. 특히 목표를 종이에 옮기는 과정 자체가 목표를 잠재의식에 입력하는 방법이 된다. 새 학기를 맞아 자녀들이 목표를 가지면 앞으로 생길 여러 어려움을 극복하게 하는 힘을 줄 수 있다. 즉, 내면의 열정을 공급하는 것이 목표다. 목표를 세우고 문서화하면 위대한 인물이 되지만 목표가 없는 사람은 그러지 못한다.

자녀에게 목표를 세우게 하는 방법은 대화와 부모의 실천이다. 자녀들은 무의식적으로 부모의 뒷모습을 좇는 경향이 있다. 따라서 부모가 먼저 작은 실천과제들을 정하고 지키는 모습이 중요하다.

자녀와 대화할 때 유용하게 사용할 수 있는 사냥개와 관련된 퀴즈를 소개해본다. 여러 마리의 사냥개가 모두 사냥감을 향해 뛰어나갔다. 마지막까지 포기하지 않고 사냥감을 물고 돌아온 사냥개는 어떤 개일까? 시력이 좋아서 처음 사냥감을 보고 달려간 개, 속도가 빠른 개, 후각이 좋은 개, 지능이 높은 개, 청각이 뛰어난 개, 충실한 개. 답은 '처음 사냥감을 보고 달려간 개'다. 직접 목표를 보는 행위는 목표를 더 생생하게 각인시키고 고통을 참게 한다. 또 목표에 도달하려는 의지를 지속시키고 무엇보다 남들의 행동을 따라하지 않는 효과가 있다. 눈으로 직접 보지 않은 사냥감은 목표로 볼 수 없고, 목표에 대한 열정이 나올 수가 없다.

새 학기는 목표를 세우고 시작하자

새 학기를 맞아 자녀들이 목표를 가지면 앞으로 생길 여러 어려움을 극복하게 하는 힘을 줄 수 있다. 즉, 내면의 열정을 공급하는 것이 목표다. 목표를 세우고 문서화하면 위대한 인물이 되지만 목표가 없는 사람은 그러지 못한다. 자녀에게 목표를 세우게 하는 방법은 대화와 부모의 실천이다.

목표와 관련한 시간 계획에 대한 학습 코칭 실제 사례를 소개한다.

"민수야, 다음 중간고사 성적이 잘 나오려면 그동안 경험으로 볼 때 뭐가 문제인 거 같니?"

"그거야 공부를 안 해서죠."

"그것 외에는 없니?"

"제가 좋아하는 컴퓨터 게임도 문제고, 공부할 때 핸드폰도 방해죠."

"또 없어?"

"친구들이 자주 놀자고 하는 것도, 가끔 피시방에 가는 것도 방해가 되죠."

"그렇구나. 그런 어려움이 있었구나. 그럼에도 이번 중간고사를 잘 보기 위해 해볼 수 있는 노력이 있다면 뭘까?"

"글쎄요. 열심히 하는 거?"

"하하! 열심히 한다는 것의 구체적인 내용은 뭘까?"

"공부 시간을 늘리는 거죠?"

"몇 시간에서 몇 시간으로 늘리고 싶은데?"

"1시간 반에서 2시간 반이요."

"그렇구나. 그럼 토요일과 일요일에는?"

"토요일에는 3시간이요."

"일요일에는 어떻게 할 거니?"

"일요일에는 쉴래요."

"그 주에 다 못한 게 있으면 어떻게 하는 게 좋을까?"

"그 주에 못한 게 있으면 일요일에 하고 쉴게요."

"그래. 참 좋은 생각이구나. 파이팅!"

Part 2
삶의 현장에서 배우는 부모 코칭

5장
코칭이 필요한 사람은 누구?

잔소리꾼 엄마에서 친구로

아이들은 주로 유튜브, TV, SNS 등을 통해 고소득과 화려한 삶을 꿈꾸는 직업에 관심을 보이기도 한다. 자신들과 같은 또래의 10대 스타가 주목을 끌고 있고, 유튜브, SNS, TV를 비롯한 언론매체에서 이들의 화려함을 집중 조명하면서 청소년들의 마음에 '나도 저 애처럼 될 수 있다'는 희망이 싹트고 있는 것이다. 그러다 보니 '미래'가 아니라 '지금 당장' 연예인이 되겠다며 나서기도 한다.

중학교 2학년인 해인이도 요즘 아이들처럼 연예인을 좋아하며, 장차 연예인이 되고 싶은 꿈도 꾸고 있다. 하지만 해인이 엄마는 그런 해인이가 못마땅할 뿐이다. 어느 날 해인이는 B그룹의 노래를 틀어놓고 춤을 추고 있었다. 해인이는 A그룹의 열렬한 팬인데 이 그룹이 일본 진출을 시작하여 자주 나오지 않자 이제는 같은 기획사의 또 따른 B그룹의 열렬한 팬이 되었다. 간식을 주러 해인이 방에 들어오던 엄마는 책상에 앉아 있어야 할 해인이가 오디오 볼륨을 크게 틀어놓고 춤을 추고 있자 화가 났다. 그리고 책상 위에 펼쳐진 B그룹의 사진을 보며 한마디하고 말았다.

"이제 A그룹에서 B그룹이니?
"엄마 나 B그룹처럼 되는 게 꿈이란 말이야."
"그게 무슨 꿈이야. 쓸데없는 소리 말고 어서 책상 앞에나 앉아."

해인이 엄마는 오디오 전원 스위치를 끄고 방을 나가버렸다. 해인이는 엄마가 나가자마자 책상 앞에 앉아 있는가 싶더니, 금세 컴퓨터 전원 스위치를 눌렀다. 매일 시간만 나면 B그룹의 뮤직비디오나 음악 출연 프로그램 영상을 켜놓고 따라하느라 바빴다.

"아, 이 언니 너무 예쁘다. 나도 이렇게 될 거야."

해인이는 특히 B그룹의 모든 사진과 글을 읽어보고, 팬 카페에 들어가서 게시물을 작성하거나 댓글을 다는 것이 큰 행복이었다. 그런데 어느 날, 해인이가 울상이 다 되어 코치를 찾아왔다.

"엄마가 소리 지르면서 분명히 안 된다고 할 거예요. 아, 무조건 가야하는데, 제발 어떻게 방법이 없을까요?"

"해인아, 울지 말고 차근차근 말해봐. 그래야 도와줄 수 있지."

해인이는 곧 침착하게 상황을 설명했다. B그룹의 사인회가 열린다고해서 가기로 했는데, 엄마가 반대할 게 분명하기에 울상이 된 것이었다. 나는 이것을 기회로 삼아야겠다고 생각하며 해인이에게 말했다.

"엄마와 협상을 해보자. 코치님이 도와줄게. 걱정하지 말고, 알았지?"

"네. 코치님만 믿을게요."

해인이가 해맑아진 얼굴로 호기심을 품은 채 나를 쳐다보았다.

"음. B그룹의 사인회를 다녀오는 것이 너의 목표라면, 엄마는 주로 너에게 원하는 것이 뭐지?"

"공부예요. 엄마는 늘 공부, 공부! 내가 공부하지 않는다고 그 말을 입에 달고 사세요."

"그래. 엄마들은 공부를 늘 입에 달고 사실 때가 많지. 그런데 또 진심으로 네 마음을 이야기하면 상황을 이해해주실 거야. 코치님이 이따가 엄마와 이야기를 해볼게."

해인이가 기대 반 우려 반의 얼굴로 고개를 갸우뚱거리며 바라보았다.

"그럼, 네가 이번 사인회에 가서 사진도 찍고 동영상도 찍고 네가 원하면 인터넷에 올리는 것까지 모두 다 하고, 대신 너도 엄마가 원하는 것을 하겠다고 약속을 하는 거야. 하루에 인터넷 강의 4개를 듣는 것. 어때, 할 수 있겠어?"

"네. 그렇게만 할 수 있다면요."

"좋아. 네가 약속했으니 협상을 시작해보자."

코치로서 어머니와의 협상은 쉽게 끝났다. 해인이는 혼자서 B그룹 사인회를 다녀온 일과 사진과 동영상 촬영을 할 수 있도록 집에 있는 카메라까지 엄마가 쓰도록 허락한 일이 꿈만 같다면서 너무나 기뻐했다. 그리고 팬 사인회를 다녀온 이후 해인이에게 변화가 생겼다. 인터넷에 빠져, 연예인에 빠져 절대로 헤어나지 못할 것 같던 해인이가 공부에 조금씩 관심을 갖기 시작한 것이다. 인터넷 강의 4개를 듣고 또 하나를 더 들으면서, 힘들지만 꾹 참았다고 한다.

해인이는 매일 보던 인터넷을 끊고 학습 동영상 4개로 시작해서 지금은 날마다 6개의 인터넷 강의를 듣는 아이로 바뀌었다. 엄마도 처음에는 믿어지지가 않았지만 일단 믿어주기로 했다. 배를 곯아가며 사인회에 갔다 온 해인이는 엄마와 B그룹에 대하여 종종 이야기한다. 엄마가 먼저 B그룹 이야기를 꺼내기도 한다.

"해인아, B그룹은 보면 볼수록 예쁘고 멋있더라. 다음에도 그 언니들 또 보러 갈 거니?"

"아니. 거기 쫓아다니는 애들은 체력이 좋은가 봐. 그런데 엄마, 인터넷으로 보는 것보다 실제로 보니까 훨씬 예쁘긴 하더라."

B그룹 멤버들의 이야기를 하고 싶어서 입이 근질근질하던 해인이에게 엄마가 눈을 마주치고 고개를 끄덕이며 해인이의 말을 끝까지 들어주었다. 엄마의 이런 관심 어린 태도에 해인이는 신이 났는지 엄마와의 관계도 더욱 친밀해졌다.

해인이가 좋아하는 가수를 활용하여 해인이의 약점인 공부 시간을 늘릴 수 있었다. 위기를 기회로 만들었다고나 할까. 처음에 해인이 어머니는 딸에게 많이 실망하였다. 그러나 실망하기에는 너무 이르다고 부모님을 설득한 것이 몇 달이 지나자 효과를 보기 시작했다.

"처음에는 컴퓨터 시간을 줄이는 데 애를 먹었어요."

"해인이가 컴퓨터로 가수들을 보는 것을 너무 좋아해서 그랬군요."

"네. 너무 아쉬워해서요. 주말에만 인터넷을 하는 걸로 협상을 했어요. 아빠와 대화해서 그렇게 하기로 마무리했죠."

해인이 부모처럼, 부모는 자신의 생각을 강요하기보다 아이와의 상호교감이 중요하다는 사실을 잊지 말아야 한다. 여기서 부모의 역할은 아이들이 겪는 과정을 함께하며 아이의 어려움을 옆에서 도와주고 스스로 깨달을 수 있도록 하는 것이다. 이를 가장 가까이에서, 가장 적절하게 도울 수 있는 것은 학교도, 친구도, 학원도, 선생님도 아닌 부모다.

모든 어려움을 기회로 삼아 계단식으로, 조금씩 낮은 계단에서 다음 계단으로 옮겨간다면 반드시 아이들은 변화한다. 해인이 부모님도 해인이가 다음 계단으로 올라갈 때까지 차분히 기다려준 것이다. 해인이 부모님은 해인이가 공부 습관이 잡힐 때까지 옆자리에서 다른 책을 보며 함께해주었다. 이러한 노력이 있었기에 해인이가 공부 습관을 가질 수 있었던 것이다.

특히 부모는 정원사가 씨앗을 뿌린 뒤 싹이 트고 자라서 잎이 돋고 열매를 맺을 때까지 물을 주는 것처럼, 자녀도 잘 돌보면서 기다려야 한다. 나아가야 할 방향을 제시해주고, 또 기다려주는 코치 스타일의 부모가 될 필요가 있다. 훌륭한 선수 뒤에는 뛰어난 코치가 있기 마련이듯 자녀가 성공하길 바란다면 부모는 자녀의 잠재력을 찾아내서 무조건적인 칭

잔소리꾼 엄마에서 친구로

부모는 자신의 생각을 강요하기보다 아이와의 상호 교감이 중요하다는 사실을 잊지 말아야 한다. 여기서 부모의 역할은 아이들이 겪는 과정을 함께하며 아이의 어려움을 옆에서 도와주고 스스로 깨달을 수 있도록 하는 것이다. 이를 가장 가까이에서 가장 적절하게 도울 수 있는 것은 부모다.

찬과 격려와 지지로 자신감을 키워주는 코치가 되어야 한다. 코치 스타일의 부모가 되고 싶다면 자녀를 마치 부모의 나이 정도 되는 존재로 여기고 존중하는 마음을 가지는 훈련이 필요하다. 자녀를 인격체로 보고 그 말에 귀 기울여주면서 이해해주고, 인정하고, 지지해주는 것이 가장 필요한 자세다. 정 어렵다면, 고급 호텔에 자주 오는 고객을 대하듯 해보자.

공부는 어느 정도 시간이 흐르면 3~6개월 안에는 반드시 성적이 오르면서 오는 기쁨, 즉 공부 자체에서 오는 내적 동기의 기쁨과 즐거움을 맛보게 된다. 또 다시 어려움이 오겠지만 이런 학습 희열을 맛본 아이들은 1%의 가능성만 있다면 그 어려움을 뚫고 나아갈 것이다. 세상의 모든 해인이와 부모들에게 파이팅을 외친다!

주지 스님의 꿈

어느 날, 매주 코칭을 하면서 광철이에게 꿈을 물은 적이 있었다.

"광철이는 꿈이 뭐니?"
"네. 저는….."

광철이는 자신의 꿈을 말하는 것을 주저했다.

"네 마음속에서 가장 하고 싶은 일을 생각해 봐."
"음, 요즘은 스님이 되고 싶어요."
"스님?"
"네. 스님 중에서도 주지 스님이 되고 싶어요."
"그래. 흥미로운 이야기구나."

광철이의 꿈을 듣는 순간 잠시 침묵이 흘렀다. 광철이가 어떤 생각으로 '주지 스님'이 되고 싶어 하는지 알아보기 위해 코칭 대화를 이어나갔다. 그리고 다중지능검사(적성검사)도 하였다. 자신의 다중지능에 대한 정확한 검사를 통해 어느 지능이 높은지, 즉 강점 지능이 무엇인지 알 수 있기 때문이다. 다중지능 분석을 통해 진로를 선택한다면 자신의 능력을 최대한 발휘하며 할 수 있는 일을 찾을 수 있다. 이런 이유로 이 검사는 진로 코칭 시 매우 중요한 검사다. 광철이는 다중지능검사에서 자기성찰 지능 수치 점수가 50점 만점에 23점이 나왔다. 종교인이 되고자 하는 사람은 자기성찰 지능의 점수가 비교적 높게 나와야 하는데 거기에는 턱없이 부족한 점수였다. 중학생 평균에서도 밑도는 수치였다.

"광철아, 네가 스님이 되면 6개월도 못 견디고 절에서 도망칠 것 같구나."

"제가요? 절대 그렇지 않을 거예요! 코치님."

"보통 자신의 다중지능 중 낮은 지능과 연결된 직업을 선택한 한국인의 거의 대부분이 후회하게 된다는 통계가 있단다. 또 50% 이상이 다른 직업을 찾아 이직하려 한다는 통계가 있단다. 네 점수를 보면 너도 이 통계에서 예외는 아닐 거 같은데, 어떻게 생각하니?"

다중지능검사에서는 자신에게 가장 높은 3개의 강점 지능과 본인이 희망하는 직업이 연결되어야 자신에게 적합한 일이라고 할 수 있다. 광철이의 경우는 그 연결성이 거의 없을 정도로 낮은 점수가 나온 것이다. 그리고 꿈에 대해 다시 생각해보기로 하고 진로 코칭을 본격적으로 진행하기로 했다.

"저는 후회하지 않을 자신이 있는데…."

"잘 생각해보렴."

"사실, 정말로 스님이 되고 싶은지는 잘 모르겠어요."

내 이야기를 들은 광철이는 고개를 끄덕이며 자신의 꿈에 대하여 다시 생각해보기로 했다. 광철이가 자신의 꿈을 설계하고 실행할 수 있도록 먼저 진로 코칭 후 학습 코칭으로 도와주기로 했다.

한번은 고등학교 선생님의 자녀인 중학생 아이를 코칭한 적이 있었다. 어느 날 아이의 엄마는 그 아이가 아닌 그 아이의 누나에 대한 문제로 코칭을 해줄 수 있는지 물어왔다. 내가 코칭하던 아이의 누나는 고등학교 2학년 때 조기 졸업을 하고 서울대를 어려움 없이 들어갔을 정도로 똑똑한 영재였다. 외적으로는 완벽한 조건을 가진 영재에 대해 어떤 코칭을 필요로 하는지 궁금했다.

"저는 그 아이가 의사가 되었으면 좋겠어요."

"영웅이 누나는 꿈이 다른가 보죠?"

엄마는 의사가 되기를 은근히 바랐지만, 쉽지 않을 것 같다는 얼굴을 내비쳤기 때문에 아이가 다른 꿈을 가지고 있다는 것을 쉽게 알 수 있었다.

"사실 영웅이 누나는 의사보다는 경영 쪽으로 관심을 갖고 있어요."

"이야기하실 때 짐작은 했었습니다."

"선생님이 어떻게 도와주실 수 없을까요?"

"어머님도 잘 아시겠지만 코치는 아이의 꿈과 비전을 스스로 찾고 설계할 수 있도록 돕는 일이지, 꿈을 바꾸지는 않습니다."

"그래도 선생님께서 말씀을 잘 해주시면 되지 않을까요?"

"그것은 코치의 윤리에 어긋납니다. 제가 할 수 있는 주요 진로 코칭 검사들을 통해 영웅이 누나가 경영과 의사 중에서 어느 것이 더 자신의 진로에 맞는 것인지를 스스로 확신하도록 돕는 역할을 해드릴 수는 있습니다. 또 그것이 바로 진로 코치의 일이기도 하고요."

나중에 들은 이야기로는 영웅이 누나가 의대와 함께 경영을 공부해서 병원 경영에 대한 방향성을 잡았다고 한다. 부모 코칭을 하면서 이 이야기를 들으니 코칭을 잘했다는 안도감과 함께 부모와 자녀 사이의 협상의 명장면을 보는 것 같아서 흐뭇한 마음이 들었다.

당시 나는 어머니의 생각에 논리와 근거를 붙이고 코치의 권위를 더해서 영웅이 누나가 자신의 꿈을 경영 쪽에서 의사로 돌리게 할 수는 있었다. 하지만 코치 윤리는 그런 일들을 해서는 안 되는 것을 분명히 하고 있다. 코치는 아이가 잘할 수 있는 것을 제대로 찾아주어 아이가 자신의 역량을 제대로 발휘할 수 있도록 해주는 역할을 해야 한다. 무엇보다 코치

코치가 하는 일과 지켜야 할 윤리

코치는 아이가 잘할 수 있는 것을 제대로 찾아주어 아이가 자신의 역량을 제대로 발휘할 수 있도록 해주는 역할을 해야 한다. 무엇보다 코치는 코치 윤리에 따라 일하기 때문이다. 코치가 지켜야 할 윤리는 때로 코치를 곤란하게 만드는 것처럼 느낄 수 있으나 결국은 모두를 행복하게 만든다.

는 코치 윤리에 따라 일하기 때문이다. 코치가 지켜야 할 윤리는 때로 코치를 곤란하게 만드는 것처럼 느낄 수 있으나 결국은 모두를 행복하게 만든다.

부모도 코치 윤리를 지켜야 할까? 당연히 지켜야 코칭의 능력이 확보된다. 코치 윤리의 다양한 내용 중 몇 가지만 정리하면 다음과 같다.

첫째, 코치는 코칭 중에 알게 된 내용을 피코치(코칭받는 사람, '코치이 coachee'라고도 한다)의 동의 없이 절대로 제3자나 부모, 선생님 등에게 전달할 수 없다. 다만 아이의 신변 위협이나 자살, 범죄 등에 관련된 특별한 사항은 예외로 한다.

부모 적용 : 엄마가 자녀를 코칭하면서 안 사실을 아빠나 다른 사람에게 말하지 말아야 한다.

둘째, 코치는 할 수 있는 일과 할 수 없는 일을 솔직하고 분명하게 이야기해야 하며 따라서 본인의 능력에 버거운 일은 선배 코치에게 의뢰하거나 그 분야의 전문가에게 위임해야 한다. 만일 코치의 영역이 아닌 것은 의사나 법률 전문가에게 의뢰하도록 해야 한다.

부모 적용 : 엄마는 아이에게 정직해야 하며, 솔직해야 코칭의 효과가 극대화된다.

셋째, 코치와 코치이의 이익에 갈등이 생길 경우 코치의 태도는 중립적 또는 코치보다는 코치이의 입장에서 정리하거나 모두가 승리하도록 해야 한다.

부모 적용 : 엄마가 알게 된 정보를 엄마에게 유리하게 사용해서는 안 된다. 자녀와 좋은 관계가 매우 중요하다.

주파수를 맞춰주세요

이리저리 주파수를 맞춰가며 라디오를 듣던 시절이 있었다. 라디오를 듣고 자란 세대라면 좋아하는 음악 프로그램을 듣기 위해서 주파수를 맞추느라 진땀을 흘렸던 경험이 있을 것이다. 특히 잡으려는 주파수에서 멀어질수록 잡음이 거세지면 아무리 좋은 음악이 나오더라도 짜증이 날 수 밖에 없다. 거슬리는 마음에 자꾸 라디오를 쳐다보며 이리저리 채널을 맞춰보지만 깨끗하지 않게 들리는 음악이 계속 흘러나오면 결국 라디오를 꺼버리게 된다. 반면 주파수가 제대로 잡히면 우리는 행복하고 편안한 상태가 된다. 코칭은 이런 주파수를 맞추는 일과 비슷하다. 코칭은 마음의 주파수를 맞추는 일이기 때문이다.

코칭을 하던 초창기에 학원장님에게 들은 이야기 중 하나다. 어느 날 한 아이가 멍이 든 채로 학원에 나왔다. 학원장님은 안타까운 마음에 아이에게 누가 때렸냐고 물어보았다. 그러자 그 아이는 18:1로 싸웠다고 하면서 계속 이야기를 회피하길래 학원장님은 더 이상 물어보지 않았다. 그러나 그 멍은 쉽사리 없어지지 않았다.

"누가 이렇게 때린 거야?"
"오늘 18:1로 한판 붙었어요."

"한판 붙었다고? 그 아이들은 어떤 아이들이니?"

"그냥 놀다 그런 것뿐이에요."

그런데 아이의 몸에서 멍이 그칠 날이 없었다. 학원장님은 아이의 몸에 있는 멍을 볼 때마다 속이 상해서 그 아이에게 이렇게 말하곤 했었다.

"이 녀석아, 왜 맞고만 있니? 어떻게든 맞서 싸워야지."

"오늘도 싸운 거니? 왜 이렇게 싸우고, 맞고만 다니니?"

그러던 어느 날 그 아이는 더 이상 학원에 나오지 않았다. 학원장님은 계속 기다렸지만 아이는 끝까지 나오지 않았다. 나중에 들어서 알게 되었지만 그 아이의 엄마는 새엄마였고, 그 멍은 새엄마가 때린 흔적이었다고 한다. 그 이야기를 들은 학원장님은 자신의 경솔함에 너무나 속상해했다. 그나마 그 아이가 피할 수 있었던 곳은 이 학원이었는데, 자기가 자꾸 물어보는 바람에 아이가 그나마도 올 수 없었다는 생각이 들었기 때문이다. 아이들을 코칭하는 일에서 중요한 한 가지를 꼽으라면 아이들과의 교감, 즉 라포다. 라포란 친밀감의 조성을 뜻한다. 이런 친밀감을 조성하지 못하면 코칭이든 티칭이든 깊은 관계로 발전될 수 없다.

이런 면에서 학원장님은 그 아이를 걱정하며 배려했지만 전혀 교감을 하지 못한 사례라 할 수 있다. 어떻게 하면 그 아이가 마음의 문을 열고 자신의 이야기를 할 수 있을까? 아이에게 '왜'라는 단어는 어감이 강해서 질책이나 비난처럼 들렸을지도 모른다. 코칭 대화에서 '아이'가 중심이 아닌 '나'를 중심으로 메시지를 전달했기 때문이다. 그래서 코칭에서는 라포를 친밀감을 조성하는 매우 중요한 기술로 여기고 있다. 그래서 코칭에는 실패가 없다. 다만 라포의 실패라는 말이 있을 정도다. 간단한 라포링 기술로는 미러링(거울처럼 따라 하기), 페이싱(상대방에 맞춰주기, 목소리의 크기나 속도, 끝말이나 키워드를 따라 하기), 백트래킹(상대방의 말 받아주기), 캘리브레이션(상대방의 상태를 무의식으로 파악하기), 매칭(상대방의 표정, 행동, 말을 관찰한 후 맞춰주기) 등의 고급 기술을 상용한다. 이 중에서 부모들은 아이와 우선 눈을 마주치고 고개를 끄덕이며 끝말이나 키워드를 따라 하는 맞장구 정도를 실천해보면 좋다.

초보 코치 시절에 지루한 것을 못 참는 '안정형' 아이에게 첫 세션부터 한 시간 반이나 코칭을 했던 기억이 있다. 아이가 점점 싫증내는 것도 눈치채지 못한 채, 코칭보다는 티칭에 가까운 가르침을 일방적으로 전달했다. 아이와 교감이 전혀 없었던 것이다.

"난 널 도와주고 싶어서 그런 거야."

"정말 저를 도와주고 싶어서 그런 거예요?"

"그럼. 네가 잘 될 수 있도록 도와주려고 해."

"그런데 저한테는 잔소리로밖에는 안 들려요."

아이들이 가장 싫어하는 것이 비평적인 입장에서 자신을 평가하는 것이다. 부모님과 선생님들의 직업병적인 태도와 상반되는 아이들의 선호도가 관계를 해치고, 마지막에는 아이들이 선생님이나 부모님을 지루한 대상으로 단정하게 만드는 경우를 자주 본다.

초보 코치 시절을 벗어나 코칭 경험이 쌓이면서 자꾸 들었던 생각은 굳이 가르치기보다는 필요할 때 공감해주고 경청해주는 것만으로도 아이들의 마음을 열 수 있다는 것이었다. 이전까지는 아이들과의 교감 없이 내가 하고 싶은 말만 떠드는 앵무새에 불과했다.

그런데 왜 부모님과 선생님들은 많은 것을 주기 위해 오히려 많은 시간을 허비하고 돌아가는 것일까? 아마도 빨리 목적지에 도달하려고 과속으로 차를 몰다가 교통사고를 내고 마는 운전자의 결과와 같은 것은 아닐까?

'사교형' 아이들 일부를 제외하고 '신중형' 아이들이나 '안정형' 아이들의 경우는 코칭 1~3회까지의 초기 관계에 실패할 가능성이 높다. 서로 편해지는 관계를 형성하지 못하면 계속 코칭을 연결하기 어려워진다. 이때 흔히 코칭을 실패했다고 말하지만 엄밀히 말하면 관계의 실패, 친밀감 조성의 실패로 보는 것이 정확하다.

이같이 실패하는 코치들에게 나는 종종 이렇게 말한다. 코치가 마음의 문을 열지도 않고 아이에게 마음의 문을 열라고 하는 것은 연애를 시작하기도 전에 급한 마음으로 상대방의 손목을 잡다가 차이고 마는, 연애의 정석을 모르는 서툰 총각과 똑같은 거라고. 이런 연애 코칭의 포인트는 속도의 완급을 조절하지 못하는 급한 마음에 있다. 연애를 할 때는 '밀당의 고수'가 되라는 말이 있다. 여기서 밀당이란 '밀고 당기기'를 말한다. 상대방의 마음을 잘 헤아려가면서 상대방을 밀고 당기는 고수가 되어야 하는데, 무조건 당기려고만 하면 그 연애는 실패하고 만다. 이런 급한 마음은 연애에 서툰 총각만의 문제가 아니라 이 시대를 살아가는 학부모님들의 마음이기도 하다. 그래서 나는 코치들에게 이렇게 말한다.

"코칭 시간 내내 웃음이 나오고 아이 얼굴에 미소가 떠나지 않게 하려면 내가 먼저 즐거워야 한다. 내가 먼저 마음이 편안하고 행복하고 즐거워야 하는 것이다. 코칭하는 시간 내내, 내가 즐거워야 고객인 아이도 즐겁다. 마음은 따라서 움직이는 자석과도 같기 때문이다."

우리 마음도 이와 같아서 마음의 파동에 따라 희로애락이 일어나고, 그 파동의 주파수와 같은 감정과 정서가 아이의 마음에도 동요되는 현상이 물질의 간섭과 동일하게 일어난다. 이를 『시크릿』이란 책에서는 '끌림의 법칙'이라고 설명했고, 『왓칭』이란 책에서는 '관찰자 효과'로 설명하고 있다. 유튜브에 들어가서 '이중 슬릿 실험'이라고 키워드를 치면 양자물리학의 중요 실험인 이중 슬릿 실험이 여러 버전으로 나와 있다. 인

주파수를 맞춰주세요

주파수가 제대로 잡히면 우리는 행복하고 편안한 상태가 된다. 부모의 주파수를 어디에다 두느냐에 따라 아이들의 미래 방향이 달라지고, 결과치도 다를 것이다. 주파수를 긍정의 위치에 두고 아이들을 대하면 아이들의 마음 문이 활짝 열릴 것이다.

간의 마음이 물질의 성질, 즉 입자인지 파동인지를 결정한다는 것이다. 이는 이 땅의 부모들이 알고 있었던 그간의 모든 상식을 깨버리는 놀라운 것이다. 이 실험을 이해하기까지 결코 쉽지 않을 것이며 많은 노력이 필요하다. 20번을 넘게 봐도 이것과 왜 우리가 긍정적인 마음으로 살아야 하는지를 연결시키지 못한다면 아직도 이중 슬릿 실험을 완전하게 이해하지 못한 것이다. 결국 이 이중 슬릿 실험은 인간이 어떻게 살아가야 할지를 과학의 이름으로 제시하고 있는지도 모른다. 생각과 감정과 신념을 부정에서 긍정으로, 긴장감이나 따분함 대신 즐거움과 신뢰와 보람 같은 감동의 장면으로 변화해서 살아가는 것이 지혜라는 귀띔을 충격적인 실험을 통해 전달하기 때문이다.

부모의 주파수를 어디에다 두느냐에 따라 아이들의 미래 방향이 달라지고, 결과치도 다를 것이다. 주파수를 긍정의 위치에 두고 아이들을 대하면 아이들의 마음 문이 활짝 열릴 것이다.

준경 엄마의 가슴 통증

요즘 아이들은 하루가 48시간이어도 시간이 부족할 정도로 바쁘다. 아침 일찍 등교하고, 방과 후 가야 할 학원들의 시간표가 꽉꽉 짜여 있기 때문이다. 초등학교 6학년인 준경이도 예외는 아니다.

준경 엄마는 준경이의 진로와 진학에 확신이 없던 가운데 주변 사람들의 이것도 좋고 저것도 좋다는 말에, 싫다는 준경이를 우격다짐하여 학원을 서너 개 보내고 있었다. 준경 엄마는 학원 수업이 끝난 후에도 준경이를 밤 10시, 11시까지 잡고 학습지와 영어 공부를 시킬 정도였다. 준경엄마 자신도 그렇게 하는 것이 매우 힘들었지만, 준경이의 중학교 진학을 위해서는 꼭 해야 하는 일이라고 생각했다.

그러다 보니 아이는 아이대로 지치고 준경 엄마도 지쳐만 갔다. 그런데 준경이는 공부보다는 야구와 축구를 더 좋아했다. 특히 축구를 너무 좋아해서 친구들과 하루 종일 축구 경기를 하는 게 소원일 정도였다.

"엄마, 나 학원 하나만 줄이면 안 돼?"

"아니, 얘가 지금 줄일 학원이 어디 있다고 그런 소리를 해. 잔말 말고 열심히 다니기나 해!"

준경이가 6학년이 된 후부터 두 사람의 대화는 이런 식일 때가 많았다.

"엄마, 나 하루 종일 축구하는 게 소원이야."
"축구선수를 할 것도 아닌데, 무슨 축구를 하루 종일 하니? 들어가서 공부나 해."

시무룩해진 준경이는 자기 방으로 들어가 문을 쾅 닫아버렸다. 사실 준경이는 아르헨티나의 축구 메시아로 불리는 메시를 좋아해서 엄마 몰래 새벽 경기를 볼 정도로 축구에 열광했다. 하지만 새벽에 축구를 보면서 흥분하여 자신도 모르게 소리를 지르다 그것마저도 볼 수 없게 되었다.

준경이는 작년까지만 해도 유소년 축구단이었다. 그런데 내년 중학교 입학을 앞두고 공부를 해야 한다는 이유로 축구단을 그만 두어야 했다. 이것은 준경이의 결정이 아니라 엄마의 결정이었다. 준경 엄마는 좋은 고등학교에 진학하려면 중학교부터 잘 들어가야 한다는 주변의 이야기를 듣고 그런 결정을 한 것이다. 준경 엄마는 이처럼 준경이의 의견을 듣기보다 자신의 생각만을 밀어붙이는 경우가 많았다. 준경이는 이런 엄마에 대한 불만이 쌓여만 갔다.

"엄마는 언제나 엄마 마음대로만 해!"

"이게 뭐 나 잘되라고 그러는 거니? 다 널 위한 거야."

"공부, 공부, 공부! 지겨워요."

준경이에게 엄마는 이제 "공부만 열심히 해!"라는 잔소리 엄마가 되었다. 준경이는 엄마의 잔소리를 너무나 답답해했다. 한번은 학교 컴퓨터 선생님이 전화해 준경이가 수업에 그만 들어왔으면 좋겠다고 말한 적이 있다. 준경이가 너무 말썽을 피워서 수업을 진행하지 못한다는 이유였다.

그 전화를 받고 준경 엄마는 앓아눕고 말았다. 준경이는 컴퓨터에 영 취미가 없었는데도 컴퓨터 수업을 듣고 있었다. 컴퓨터 관련 자격증이 있으면 중학교에 입학할 때 가산점이 붙는다는 정보를 듣고 온 엄마의 강요 때문이었다.

준경이도 엄마도 힘들어지는 상황이 되어가자, 준경 엄마는 준경이에 대한 (학습)코칭을 의뢰했다. 준경이의 코칭을 의논하기 전에 준경 엄마를 먼저 만나게 되었다. 그런데 준경 엄마가 갑자기 죽고 싶은 마음이 확 들었다고 말하는 게 아닌가. 옆에 칼이 있다면 자신을 찌르고 싶었다고 했다. 준경이보다 준경 엄마가 코칭이 더 절실한 상태였다.

"아이에게 너무 공부만 강요한 것은 아닐까요?"

"강요하기는 했지만, 준경이가 제 뜻을 따라주지 않아서 더 그랬어요."

"먼저 준경이 스스로가 이룰 수 있음을 알아갈 때 더 큰 목표를 세우고 실천할 수 있는 겁니다. 그리고 준경이보다 어머님께서 더 코칭을 받아야 할 것 같습니다."

그래서 준경이의 학습 코칭을 하면서 월 1회 정도는 부모 코칭을 통하여 아이의 변한 부분, 애로 사항, 부모로서 힘든 점 등을 코칭하며 변화하기로 하였다. 이처럼 매번 학생들과 코칭을 하다 보면 결국은 부모 코칭이라는 말이 더욱 절실하게 느껴진다.

나는 준경 엄마를 코칭하면서 준경이와 힘들었던 상황을 떠올리도록 했다. 그리고 코칭 중 코어 기법을 통하여 그것들을 하나씩 해소하도록 유도했다. 준경 엄마는 준경이와 부딪혔던 순간을 떠올리며 가슴을 찌르는 통증이 느껴진다고 하였다. 나는 그 통증들을 코어 기법으로 해소할 수 있도록 도왔다. 보통 통증이 느껴진다는 것은 그러한 상황이나 감정이 자신에게 좋지 않은 부정적인 에너지로 계속 작용하고 있다는 것을 뜻하는 것이다. 나는 준경 엄마에게 코어 기법을 적용해서 그러한 부정적인 에너지가 완전히 없어지도록 했다. 이것으로 준경 엄마의 부모 코칭이 마무리되었고, 준경 엄마는 더 이상 가슴 통증을 호소하지 않았다.

보통 우리는 자녀가 어릴 때부터 피아노, 컴퓨터, 미술, 태권도 학원에 보낸다. 물론 아이들의 소질을 개발하기에 좋을 수도 있지만, 아이가 원

준경 엄마의 가슴 통증
부모는 아이가 스스로 공부하고 자신의 능력을 키워나갈 수 있도록 도와주어야지, 강요를 해서는 안 된다. 이러한 과정을 거치면서 아이들은 성장하게 되고, 효율적인 습관을 형성하여 자신의 꿈을 펼칠 수 있게 된다.

하지 않는데도 부모의 욕심으로 보내는 경우가 더 많다. 정말 아쉬운 것은 아이들이 그 많은 것을 소화해내기가 쉽지 않은 상황인데도 우격다짐으로 보내고 있다는 것이다. 그러다 보니 즐겁게 다니는 것이 아니라 '엄마가 시켜서' 또는 '해야 하니까' 다니는, 수동적인 자세를 취할 수밖에 없게 된다. 말 그대로 그냥 왔다 갔다 하는 것이다.

부모의 욕심대로 자녀가 두 마리 토끼를 다 잡는다는 것은 참 어려운 일이다. 그러나 부모는 이러한 사실을 자주 잊곤 한다. '내 아이니까, 할 수 있을 거야'라는 끝없는 욕심을 부리게 된다. 대한민국의 자랑인 김연아 선수도 피겨스케이팅에서는 세계적인 선수지만, 학교에서 시험 점수가 20점이 나온 적이 수두룩할 정도라고 한다. 세계적인 선수여도 두 마리 토끼를 다 잡을 수 없는 것이다.

부모는 아이가 스스로 공부하고 자신의 능력을 키워나갈 수 있도록 도와주어야지, 강요를 해서는 안 된다. 이러한 과정을 거치면서 아이들은 성장하게 되고, 효율적인 습관을 형성하여 자신의 꿈을 펼칠 수 있게 된다. 맹목적인 강요가 아니라, 아이들의 자존감을 높이고 자신의 꿈을 설계하고 실행할 수 있도록 동기를 부여할 때 효과가 커질 수밖에 없다. 이는 자녀의 코칭보다 부모의 코칭이 절대적으로 필요하다는 말일 것이다.

6장
코칭의 기술

코칭, 듣는 것부터 시작이다

> **코칭은 말하는 것이 아니라, 듣는 것에서부터 출발한다.**

"코치님, 우리 수연이가 하라는 공부는 안 하고, 춤만 추네요."

수연 엄마는 만나자마자 걱정이 앞선 이야기를 꺼냈다. 수연이는 학교 성적이 전교에서 손가락 안에 들 정도로 우등생이어서, 주위에서 다들 수연 엄마를 부러워하던 상황이었다. 그런데 최근에 수연이가 춤 동아리에 들어간 이후로 공부는 하지 않고 춤만 추는 것 같다고 걱정하고 있던 것이다.

"수연이가 앞으로 춤만 추고 싶다고 했나요?"

"아니요. 그러진 않았어요."

"그러면 왜 춤을 추고 싶어 하는지 물어보는 것이 어떨까요?"

"저는 수연이가 계속해서 춤을 추겠다고 할까 봐 겁이 나요. 어제도 길거리에서 춤추는 아이들을 봤는데 수연이 생각이 나더라고요."

"어머님이 제일 걱정되는 게 무엇인가요?"

"지금이 가장 중요한 시기인데, 수연이가 공부를 내팽개칠까 봐 그게 걱정이에요."

"그렇다면 수연이에게 왜 춤을 추고 싶은지 물어본 적이 있나요?"

"그렇게는 한 번도 물어보질 않았네요."

"무조건 하지 말라고 하면 반발하는 심리가 있어요. 어머님도 그 시절에 그러셨을 거예요."

"네. 저도 그게 싫었는데, 똑같이 하고 있었네요."

"그럼, 오늘은 평소와 다르게 수연이 마음부터 먼저 느껴보는 것을 숙제로 내드리겠습니다."

수연 엄마는 코치의 말을 듣고 부끄러워했다. 자신의 어린 시절 친정 엄마가 윽박지르던 때를 생각하며, 오늘은 막무가내로 화를 내지 않고 수연이의 생각을 들어봐야겠다는 생각을 했다. 오늘도 동아리 활동을 하고 온 수연이는 엄마가 화를 내지 않자 더 안절부절못하는 눈치였다. 평소와 달리 엄마의 부드러운 말투 때문이었는지, 수연이도 엄마와 대화를 하려고 했다. 수연 엄마는 코치와 이야기 나눈 것을 생각하면서 적용해 봤다.

"수연아, 오늘 연습은 많이 했니?"

"네. 애들하고 맞춰보는데 너무 재미있었어요."

"요즘 네가 춤을 추니 더 밝아진 것 같다."

"엄마가 보기에도 그래요?

"응. 엄마가 본 근래 모습 중에서 가장 보기 좋아."

"사실, 춤을 추니 살아있는 것 같았어요. 그래서 좋아요."

"그래서 너무 행복했구나."

"네. 엄마가 오늘은 이렇게 제 이야기도 들어주시니 정말 좋아요."

이날 수연이는 오랜만에 엄마와 대화를 하면서 그동안 마음속에 담아둔 이야기를 꺼냈다. 춤을 통해 스트레스를 해소할 수 있어 좋고, 또 성적도 떨어지지 않게 할 자신이 있다는 이야기였다. 당장 무엇을 해야 할지 모르는 상태에서 공부만 하는 게 너무 답답하다고 느끼고 있을 때, 친구의 제안으로 춤 동아리에 들어가게 된 것이다. 그리고 굉장히 행복해하는 자신을 발견했다는 것이다. 수연 엄마는 딸의 좋아하는 모습을 보며 미안하다는 생각이 들었다. 동시에 앞으로도 계속 춤을 추겠다고 할까봐 내심 걱정이 커졌다. 그래서 가장 걱정하던 것을 직접 물어보기로 했다. 만약 그러겠다고 하면 어떻게 대답을 해줘야 할지, 자신이 화를 내게 될지도 모를 일이었다. 수연 엄마는 조마조마한 마음으로 물었다.

"수연아 춤을 추는 일을 하고 싶니?"

"아니요. 아직 그럴 생각은 없어요."

"그럼 춤은 계속 추고 싶은 거야?"

"엄마, 저 계속 추고 싶어요."

"우리 딸이 좋아해서 엄마도 좋지만, 한편으로는 걱정이 되는구나."

"엄마, 공부만 하면 답답해요."

"우리 수연이가 스트레스가 많이 쌓였었구나. 스스로 할 수 있는데, 엄마가 너무 강요했나 보구나."

"네. 엄마, 춤은 단지 스트레스 해소를 위한 거니까 너무 걱정 마세요."

"그래. 엄마는 우리 딸을 믿어. 그런데 학업에 너무 지장이 있으면 안 될 것 같은데, 잘 조절할 수 있겠니?"

"네. 엄마, 그럼 저 계속 춤춰도 돼요?"

"그래. 대신 너도 엄마 생각도 해주면서 잘 조절해야 한다."

"네, 엄마! 자신 있어요."

나는 수연 엄마에게 수연이의 이야기를 잘 들어주는 것부터 필요하다고 말했다. 평소 수연이의 말을 잘 듣지 않고, 하고 싶은 이야기를 일방적으로 하던 분이었다. 수연이는 엄마가 자신의 이야기를 들어주지 않는다고 생각하여 엇나갔고, 그러다 보니 서로 의사소통이 되지 않은 것이다. 일방적인 이야기를 하는 것이 아니라 주고받는 관계여야 한다. 이날 수연 엄마는 코치의 몫을 아주 잘 해냈다. 코칭은 상대방에게 열정과 활력을 불러일으켜 스스로 움직이게 한다. 자신 안에 미처 발견되지 않은 잠재 능력을 발견하게 하고, 그 능력을 행동으로 구체화시키는 역할은 바로 코치의 몫이다. 답과 능력을 끌어내는 코칭 프로세스의 기본은 '들음의 능력'에서 출발한다. 코칭은 단순히 귀로만 듣는 것이 아니라 온몸으로 상대방의 감정과 상황을 이해하고 적극적으로 공감하면서 상대방의 마음을 헤아리는 것이다.

코칭 tip

코칭하며 상대방의 이야기를 들을 때, 잊지 말아야 할 것은 대부분의 시간을 '듣는 것'에 할애해야 한다는 것입니다. 실제로 코치가 말하는 것은 20%도 되지 않을 때가 대부분입니다. '방향을 제시해주는 코치가 말을 적게 해도 되나?'란 생각이 든다면 코칭에 대해서 잘못 이해한 것입니다. 자신의 생각만 이야기하는 코치는 올바른 코칭을 하는 것이 아닙니다. 코치이(자녀)가 말하는 것을 잘 듣고, 그 안에서 해결점을 함께 찾아보는 것, 그것이 코치의 역할입니다.

한걸음, 한걸음 보폭 맞추기

"코칭은 상대와 보폭을 맞추는 것이다"

형수 엄마는 형수가 4학년 때까지만 해도 여자아이처럼 엄마와 이야기 나누는 것을 좋아해서 딸을 가진 엄마들이 부럽지 않았다. 그런 형수가 이제는 "학교 다녀왔습니다"란 인사와 동시에 제 방으로 직행하고는 생일선물로 받은 게임기만 붙들고 방 밖으로 나오지를 않았다. '요즘 아이들에게 사춘기가 일찍 온다는데 그런 것일까, 아니면 게임 중독일까?' 엄마는 걱정이 되었다. 형수에게 큰소리치며 화를 내보기도 했지만 전혀 효과가 없었다. '게임기를 빼앗을까'도 생각해봤다가, 그건 최후의 방법이라는 생각이 들어 우선 학습 코치 선생님에게 도움을 청했다.

"한쪽 발 묶기 게임을 한번 해보세요."
"갑자기 게임을 하라고 하신 이유가 뭔가요?"
"일단 하고 오시면 답을 알려드릴게요."

'왜 갑자기 이런 게임을 하고 오라고 했지?' 형수 엄마는 의아한 마음이 들었지만, 코칭 선생님이 시키는 말이니 일단 해보기로 했다. 집에 있는데 현관문을 열고 들어오는 형수를 보며, 초등학교 5학년이 되더니 부쩍 키도 크고 남자다워졌단 생각이 들었다. 그래서인지 엄마와 대화하는 시간도 줄어든 것 같았다. 잠시 후, 코치가 내준 숙제를 하기 위해 형수의 방문을 열었는데 문이 잠겨 있었다. 평소 같으면 형수에게 화를 내며 문을 열라고 다그쳤겠지만 오늘은 참아보기로 했다.

똑똑. 문을 두들기자 형수가 방문을 열어주었다. 평소와 변함없이 게임을 하고 있던 눈치다. '괜히 선물해줬어. 괜히, 내가 내 발등을 찍었지.' 사실 형수는 4학년까지만 해도 올백을 맞았던 아이다. 그런데 5학년이 된 후로 올백은커녕, 하위권을 맴돌고 있었다. 형수 엄마는 자기도 모르게 화를 낼 뻔했다. 그러나 이내 '발 묶기 게임'을 해야 한다는 생각에 화를 억누르고, 형수에게 거실로 잠깐 나와보라고 말했다.

"형수야! 엄마랑 발을 묶고 거실에서 부엌까지, 다시 거실까지 오는 게임 좀 해줄래?"

"엄마가 애예요? 그런 걸 왜 해요?"

"엄마가 요즘 공부를 하고 있는데, 거기서 숙제를 내줘서 그래. 아들, 엄마 좀 도와주라."

엄마의 숙제란 말에 형수는 마지못해 발을 내미는 눈치였다. 형수와 함께 발을 묶고, 부엌을 향해 걸었다. 그런데 보폭이 맞지 않아 둘 다 넘

어지고 말았다. 거실에 넘어진 형수와 엄마는 자신도 모르게 큰 소리로
웃기 시작했다.

"엄마, 발걸음을 잘 맞춰야 해요."

"그래. 우리 다시 해볼까?"

"하나, 둘! 구호를 외치면 더 잘 될 것 같아요."

처음에는 무척 하기 싫어하던 형수가 구호를 붙이며 걷자고 제안을 했
다. 형수와 엄마는 하나, 둘 구호에 맞춰 걸으며 무사히 미션을 완료했다.
그리고 형수 엄마는 코치님이 왜 이런 게임을 하라고 했는지 깨달았다.
바로, 일방적인 대화를 하지 말라는 의도가 숨겨져 있었던 것이다.

"코치님, 제가 형수의 입장을 먼저 생각해야 한다는 말씀을 하고 싶으
셨던 거죠?

"네, 그렇습니다. 코칭은 상대방과 함께 보폭을 맞춰 걷는 과정이랍
니다.

"게임을 하고 넘어질 때야 코치님께서 왜 그 게임을 해보라고 하신 건
지 알았어요."

"아셨으니, 그럼 이제 형수의 입장도 많이 헤아려주셔야 합니다."

그날 이후 형수 엄마는 일상적인 대화에서 형수를 관찰하는 습관으로

보조를 맞추기 시작했다. 그러면서 형수가 게임에 몰두하는 이유를 듣게 되었다. 단순히 재미를 위해서라고 생각했는데, 올백을 맞아야 한다는 강박관념에서 오는 스트레스 때문이었다는 것도 알게 되었다.

"엄마는 제가 올백을 맞지 않으면 좋아하지 않았잖아요."
"형수야, 네가 꼭 올백을 맞지 않아도 돼!"
"그래도 올백을 맞고 오면 더 예뻐하셨잖아요. 저는 그게 짐이 됐어요."
"엄마는 네가 올백을 맞지 않아도 널 아주 많이 사랑한단다."
"정말요? 그런데 작년에 한 문제 틀렸을 때 엄마의 반응을 보고 실망하게 됐어요."
"내가 어땠는지 기억이 잘 안 나는구나. … 아, 이제 생각났다."

형수 엄마는 그때 일을 되짚어보았다. 올백만 맞던 형수가 수학에서 한 문제 틀려오자, 아깝다며 호들갑을 떨던 자신의 모습이 떠올랐다. 형수는 엄마의 그 모습이 자신을 책망하듯 들려 그 뒤로 공부가 하기 싫었다고 한다. 늘 모든 과목을 백점 맞아야 한다는 생각도 자신을 짓눌렀지만, 엄마의 반응에 섭섭했다는 것이다. 이번 일을 계기로 형수 엄마는 형수와 이야기할 때 자기 말만 하지 않고 형수의 말을 먼저 들어야겠다고 결심하게 되었다.

코칭의 기술 중에는 '보조 맞추기'가 있다. 보조 맞추기는 '코치이'의 행동, 호흡, 언어의 사용 속도에 보조를 맞춰, 보다 쉽게 공감대가 형성되도록 돕는 역할을 한다. 코치는 코치이가 시선을 어디에 두고 있는지, 말하는 모습이 어둡지는 않은지, 납득하는 표정을 짓는지, 목소리의 크기는 변하지 않는지 등에 온전히 집중하고 의식해야 한다. 또한 코칭 대화의 기본은 말을 아끼고 상대방의 이야기에 귀 기울이는 것이다. 코칭에서의 경청은 단지 말뿐만 아니라 말하는 사람의 심정은 물론 내면의 의도까지 헤아린다. 사람들은 상대방의 이야기를 듣는 것보다 자신의 생각을 주장하고 싶어 하는 기질을 갖고 있다. 자신의 유능함을 내세우고 상대방이 모르는 듯싶으면 재빨리 답을 주려고 한다. 코치는 이러한 기질을 활용하여 코치이의 마음을 움직인다. 사람은 누군가 내 이야기를 진지하게 들어주고 맞장구쳐주면 저절로 신이 나서 이야기를 술술 풀어놓기 때문이다. 더욱 효과적인 코칭을 하기 위해서는 코치이가 편안하게 이야기할 수 있도록 분위기를 만들어야 한다. 상대방의 스텝에 맞춰 마치 춤을 추듯이 눈높이를 맞추고 목소리의 억양, 속도, 고저 등에 보조를 잘 맞춰야 한다. 상대방에 맞춰주기는 보통 라포링 기술인 페이싱(Pacing)을 의미하는데, 여기서는 종합적인 라포링 기술과 경청 기술을 포괄해서 설명했다. 본디 페이싱이란 상대방의 말하는 속도와 목소리의 크기, 감정 등을 상대방의 페이스에 맞춰 무의식적으로 편안하게 느낄 수 있게 하는 기술로 빠른 시간 안에 신뢰, 즉 라포를 쌓을 수 있는 NLP 기술의 하나다.

적극적인 경청

> **"부모의 적극적인 경청 자세는 아이에게 가장 큰 힘이 된다."**

경수는 한눈에 보기에도 침울해 보이는 아이다. 엄마의 손에 이끌려 상담실에 온 것 같은 경수에게서 활발한 모습이라고는 전혀 찾아볼 수 없었다. 경수 엄마는 아이가 집에서 도무지 말을 안 한다며, 아이의 마음을 알고 싶다고 했다. 학교에서는 활발하게 잘 지내는 경수가 집에만 오면 말을 안 한다는 것이다. 경수는 처음에는 아예 눈도 마주치려고 하지 않았다. 그러던 중 경수가 좋아하는 보드게임을 하게 되었는데, 경수는 무척 재밌어했다.

"경수야! 엄마, 아빠와도 이렇게 게임을 해본 적이 있니?"
"아니요. 부모님은 저한테 관심이 없어요."
"경수가 부모님께 많이 섭섭한가 보구나."
"아니에요. 그런 거 없어요."

코치인 내가 좀 더 깊은 이야기를 하려고 들면 경수는 금세 다른 이야기로 화제를 돌렸다. 경수와 친해지는 데는 성공했지만 속마음을 나누는

데는 시간이 좀 더 필요했다. 경수는 집에서 자신은 필요 없는 아이라고 생각하고 있었다. 경수가 그렇게 생각하게 된 어떤 계기가 있었다.

"엄마, 엄마, 엄마~."

"왜 이렇게 호들갑이니?

"엄마, 저 오늘 선생님께 칭찬받았어요."

"그래. 지금 동생 재워야 하니까 떠들지 말고 방에 들어가 있어."

경수는 선생님께 칭찬받은 것을 자랑스럽게 이야기하려고 했지만, 엄마에게 오히려 시끄럽다고 야단맞았다. 동생을 재우고 있던 엄마는 경수는 아예 쳐다보지도 않았다. 그날 저녁, 경수는 엄마에게 섭섭했던 마음을 아빠에게 풀고 싶어서 아빠를 기다렸다. 아빠의 퇴근을 알리는 벨소리가 울리자, 경수는 문을 열어주는 것도 잊은 채 큰 소리로 말했다.

"아빠, 나 오늘 선생님께 칭찬받았어요. 수업 태도도 좋았고 방학 숙제도 제일 좋았다고 해주셨어요."

"알았으니깐, 어서 문이나 열어."

아빠는 엄마와 달리 칭찬해주실 거란 기대를 하고 있었는데, 오히려 엄마보다 더 화를 낸 것이다. 약간 흥분된 어조로 칭찬받을 생각을 하고 있던 경수는 아빠의 반응에 더욱 시무룩해질 수밖에 없었다. 경수는 엄마와 아빠의 시큰둥한 반응에 너무나 실망을 했고 상처받았다. 그래서 자기 방으로 들어갔다고 한다. 그리고 그런 일이 잦아지자, 경수 스스로 엄마와 아빠는 동생 경준이만 좋아한다는 생각을 하게 되었다. 그날 이후로 경수는 엄마, 아빠와 이야기하는 것을 극도로 거부하게 된 것이다. 경수가 이렇게까지 된 이유는 무엇일까?

바로 경수의 엄마와 아빠의 반응이었다. 이런 반응은 보통 성격에서 나오는데, 경수의 부모님은 '신중형'으로 모두 일 중심의 사람들이다. 다시 말해, 신중하고 주도적인 사람인 것이다. 그런데 경수는 매우 사교적인 아이다. 이런 부모와 자녀가 만나면 90% 이상, 이런 현상들이 만들어진다. 경수는 스스로 적극적으로 대화를 시도했는데 거부당한 것이 되었다. 만약 엄마, 아빠의 적극적인 경청이 있었다면 경수는 더욱 신이 나서 오늘 있었던 이야기를 자세하게 이야기했을 것이고, 집에서도 늘 활발한 아이가 되었을 것이다. 그러나 경수의 경우는, 사교적인 자녀에게 신중한 부모들의 일반적인 반응이었다. 이런 반응은 부부간에도 마찬가지로 나타난다. 사교적인 아내가 밖에서 있었던 신나고 즐거운 이야기를 남편에게 해주려는데, 회사일이 꼬여 정신이 없어서 짜증을 내는 남편에게 상처 입는 아내들이 대부분 여기에 해당된다.

"코치님, 그럼 앞으로 제가 어떻게 해야 할까요?"
"경수의 말을 적극적으로 잘 들어주세요."

"경수가 말을 하지 않는데, 어떻게 잘 들어주죠?"

"경수가 좋아하는 게임을 온 가족이 한번 해보세요."

"평소에 말도 잘 안 하는 녀석이 할지 모르겠네요."

"먼저 보드게임을 꺼내놓고, 경수를 불러 보세요. 그럼 할 거예요."

경수 엄마는 집으로 돌아가는 길에 경수가 좋아한다는 보드게임을 사서 미리 준비해두고, 동생 경준이는 잠시 할머니 댁에 맡겨두었다. 그리고 경수가 좋아하는 닭볶음 요리를 했다. 생각해보니 그동안 동생 경준이 위주로 반찬을 했던 것이 생각났기 때문이다. 경수와 엄마는 맛있는 음식을 먹으며 오랜만에 이런저런 이야기를 나누게 되었다. 경수의 학교 생활도 차분하게 들을 수 있었다. 경수에게 형만 한 아우 없다며 경준이 흉을 보자 되려 아가라서 그런다며 동생 편까지 들 정도가 되었다. 경수 엄마는 경수를 보면서 그동안 얼마나 대화가 부족했는지 반성하고 경수에게 미안하다고 사과했다. 경수 아빠도 평소보다 일찍 퇴근하여 대화에 동참하였다. 오랜만에 엄마, 아빠의 사랑을 확인한 경수는 점차 생활 속에서 변하기 시작했다. 다시 안정을 되찾은 경수가 예전의 활발한 모습으로 돌아온 것이다. 때때로 부모의 적극적인 경청은 화난 고래도 춤추게 한다.

코칭 tip

부모의 적극적인 경청의 자세는 아이에게 가장 큰 힘이 된다. 주변을 보면 바쁘다는 이유로 자녀와 눈을 맞추며 대화할 시간을 갖지 못하는 부모들이 많다. 지금 대화를 시도해보면 어떨까? 자녀의 말에 귀를 기울이며 듣고 자녀와 눈을 맞추고 고개를 끄덕이며 "그래?", "그래서 어떻게 됐는데?"라는 추임새를 넣으면서 아이의 이야기를 들어보자. 자녀들은 부모를 신뢰하고 존경하게 된다. 눈 맞춤과 고개 끄덕임 그리고 끝말과 키워드 추임새가 잘 된다면 다음은 적극적인 경청을 실천해 볼 순서다.

첫째, 언어적 반응으로 적극적인 경청 방법은 '반영하기'다. 반영하기란 아이가 말한 것 중에 감정과 관련된 부분을 바꾸어 말하는 것으로, 자녀의 감정을 이완시키고 정화시켜 줄 수 있다.

둘째, '명료하게 말하기'다. 아이가 말한 것을 "~라는 뜻이니?" 하고 질문하는 것으로, 사교적인 아이들의 산만하고 혼돈된 생각을 정리해주고 정확하게 문제를 파악할 수 있게 돕는다.

셋째, '바꾸어 말하기'로 아이의 말을 부모의 표현으로 다르게 말함으로써 아이가 망설이던 사항에 관해 자신감과 확신을 가지게 돕는다.

넷째, '요약하기'로 아이의 말 중 핵심을 추려냄으로써 아이가 당면한 문제의 우선순위를 정리하게 돕는다. 여기에 미러링, 페이싱, 백트래킹, 캘리브레이션, 매칭을 함께 쓰면 파워풀한 전문가 수준이 될 것이다.

경청의 종류

> **경청은 코칭뿐만 아니라,
> 인간관계에서도 가장 매력적인 수단이다.**

"내가 낳았지만 아이의 속을 모르겠어요."
"정말 이건, 가끔 외계인하고 말하는 심정이 들 때가 있다니까요."

요즘 엄마들이 아이에 대해서 쏟아내는 말이다. 상대를 잘 알려면 상대방의 말을 잘 경청해야 하는데, 경청하지 않고 말하기 때문에 이렇게 말하는 것이다. '경청'은 코칭의 시작이며, 코치로서 마음의 지표가 되어야 한다. 경청의 종류를 살펴보면 '상대 중심적 경청'과 경청이 아닌 '에고 경청'이 있다.

'상대 중심적 경청'이란 코치가 궁금한 것이 아니라 코치이(자녀)가 말하고 싶어 하는 것을 듣는 것이다. 상대방의 말에 집중할 때 가장 중요한 것은 듣는 것에 온전히 집중하기 위해 듣는 동안에는 아무 생각도 하지 말아야 한다는 것이다. 코치는 진지하게 어떤 이야기를 하고 싶다거나 자신의 생각을 말하는 것을 삼가야 한다. 그러기 위해서는 사진기나 CCTV가 되어야 한다. 사진기나 CCTV는 상대방의 말을 들을 때 어떤 생각도 하지 않는다. 이 말을 명심해야 한다.

그러나 보통 사람들이 더 많은 것을 있는 그대로 보지 못하는 이유는 너무 많은 판단을 하며, 마치 선글라스를 낀 것처럼 세상을 자신의 에고로 바라보기 때문이다. 코치는 코치이의 눈을 바라보고 고개를 끄덕이며 끝말을 따라 하는 것, 그것이 최선이다. 또한 대답해야 할 때도 즉각 대답하지 말고 조금 기다렸다 말하는 편이 코치이의 마음을 편안하게 할 수 있다. 이때 내 속도보다는 상대방의 속도에 맞추어야 한다. '에고 경청'이란 상대방의 말을 자신의 생각대로 듣는 것을 말한다. '너는 ~하니~할 것이다'로 모든 스토리를 만든다. 그리고 사실이 아닌 판단을 사실로 믿는다. 결국은 자신의 색안경을 쓰고 상대방을 판단하고 재단하는 것을 말한다. 마치 재판관처럼 말이다. 이런 경우에는 상대방의 마음이 전달되지 않기 때문에 효과적인 경청이 될 수 없다.

코칭에서의 경청은 단지 말을 잘 들어주는 것이 아니다. 먼저 아이의 심정을 잘 헤아려주는 것이다. 자녀의 말과 의미에만 집중하는 부모는 초보 부모다. 그렇다면 어떻게 해야 할까? 자녀의 말 속에 담긴 감정에 집중해야 한다. 더 나아가 의도와 방향성에 집중해야 한다. 그런데 부모들은 아이의 이야기를 듣는 것보다 아이의 말을 끊고 속사포처럼 자신의 주장을 이야기하는 습관을 갖고 있다. 아이의 진정한 부모 코치가 되고자 한다면 이러한 습관을 버려야 한다.

코칭은 아이와의 관계뿐만 아니라 모든 인간관계에 적용된다. 우리가

코칭의 기술 - 코칭, 듣는 것부터 시작이다

부모의 적극적인 경청의 자세는 아이에게 가장 큰 힘이 된다. 자녀의 말에 귀를 기울이고 듣고 자녀와 눈을 맞추고 고개를 끄덕이며, "그래?", "그래서 어떻게 됐는데?"라는 추임새를 넣으면서 아이의 이야기를 들어보자.

맺는 인간관계에서 가장 효과적인 수단은 바로 경청이다. 경청은 상대방의 마음을 움직여 설득하는 강력한 무기이기 때문이다. 이러한 경청의 다른 말은 '효율적인 듣기'라고 한다. 경청이 잘 이루어진 경우에는 최대의 설득 효과가 나오고 상대방의 마음을 움직일 수 있다. 그러나 반대로 잘 이루어지지 않은 경우에는 관계에서 실패할 수밖에 없다.

따라서 상대방을 설득하고 싶다면 먼저 자신의 성향을 파악하고, '경청'할 수 있는 자세를 갖춰야 한다. 누군가와 대화할 때 자신의 말을 전체 대화에서 20% 이내로 줄이고, 편안한 분위기가 되도록 상대방 중심으로 배려하려면 어떻게 해야 할까? 상대방의 마음속에 일어나는 모든 느낌을 충분히 이해했다는 것을 여러 가지 방법으로 전하면 된다. 전달수단 중 가장 효율적인 것이 바로 경청이다. 자녀 문제, 친구 문제, 비즈니스 문제 등 모든 문제는 관계 안에서 생긴다. 이러한 관계들을 효율적으로 해결하고 싶다면, 먼저 경청하면 된다. 좋은 질문을 잘하고 싶은 코치가 있다면 먼저 알려줄 말이 있다.

"좋은 질문은 경청 속에 답이 있다."

코칭 tip

'라포'와 '직관 경청'은 코칭을 받는 사람들로 하여금 문제를 인식하고 솔직하게 속마음을 드러내도록 돕는 친밀감의 기술이다. 제대로 된 코칭을 하기 위해서는 코치와 코치이의 마음이 충분히 통하는 관계가 형성되어야 한다. 이것을 '라포'라고 부른다. 즉 코칭에서 '라포'란 코치와 코치이가 친근감과 신뢰감으로 연결되는 관계 형성을 말한다. 코치와 코치이가 최상의 라포 관계를 형성할 때 가장 좋은 코칭을 할 수 있게 된다. 최상의 라포는 자신이 갖고 있는 선입견으로 상대를 판단하거나 충고하지 않으며 상대방을 있는 그대로 인정하고 받아들이는 수용적인 자세다. 코칭을 할 때 '온몸으로 들어야 한다' 라는 말이 있다. 상대방에게 진정으로 귀를 기울이고 있다는 신호를 온몸으로 보내라는 것인데 이를 'Non-verbal communication' 즉, '비언어적 신호'라고 한다. 이러한 신호가 상대방에게 전해지면, 코칭을 받는 코치이는 스스로 인정받는 느낌을 받아 더 효율적인 코칭을 할 수 있게 된다. 이런 신호가 바로 미러링, 페이싱, 백트래킹, 캘리브레이션, 매칭을 말한다.

경청의 마지막 단계는 '직관 경청'이다. 문제를 해결하지 못하고 있는 자녀를 통해 여전히 자녀 속에 내재된 탁월함을 볼 수 있어야 한다. 이 탁월함이 아직도 보이지 않는다는 것은 아직도 직관 경청이 되지 않고 있다는 신호다. 이는 낙관성과도 관련 있으며 긍정성과도 관련이 있다. 자녀가 학교에서 친구와 싸우다 화가 나 교실 유리창을 깨서, 방금 막 담임 선생님으로부터 전화를 받았다고 하자. 이때 부모가 사고를 치고 온 자녀에게서 탁월성을 발견할 수 있을까? 최소한 '용기' 있는 아이였다는 점은 발견할 수도 있지 않을까? 실수가 아니라 일부러 학교의 유리창을 깬 아이들이 많지는 않기 때문이다. 또 이런 분노는 아이가 성장할 수 있는 기회임을 알리는 신호이기도 하다.

7장
자기주도학습 코칭

공부를 해야 하는 이유

"공부를 해야 하는 이유를 모르겠다니, 동준이 네가 세 살 난 애니?"

"엄마, 그래도 공부를 왜 하는지 알아야 하죠."

"그냥 해. 공부에 이유가 어디 있어? 이제 컸다고 엄마한테 말대답이나 하고 말이야!"

"엄마는 제가 무슨 말대답을 했다고 그러세요?"

"지금 이게 말대답이지, 뭐냐?"

한 아이의 엄마가 자주 말대답을 하는 아들에게 속이 상해서 "그래. 공부하지 마!"라고 소리쳤지만, 그 말은 화가 나서 한 말이었다. '한두 시간이 흐르면 다시 아이의 마음을 달래서 공부하라고 해야지' 생각했는데 아이는 '공부 파업'이라며 방문을 걸어 잠그고 시위를 했다. 이후 동준 엄마는 "이게 네 손해지, 엄마 손해냐?"라며 화를 내고 앓아누웠다. 하루이틀이면 끝날 줄 알았는데, 아이의 공부 파업이 일주일 이상 장기전이 되자 혼자서는 도저히 해결할 수 없다는 생각이 들었다. '학습 코치란 말을 들은 적은 있는데, 과연 효과가 있을까?' 동준 엄마는 반신반의하는 마음으로 '학습 코칭 센터'의 문을 두드렸다.

"우리 아이 때문에 속상해서요."

"무슨 일이신가요?"

"공부를 안 하겠다고 파업 중이네요."

"아이들은 다 공부하기 싫어하는 마음이 조금씩은 있죠. 우리도 그 나이 때 그랬잖아요."

"그렇긴 하지만, 목표가 없어서 그런지 더 걱정이네요."

"아이에게 공부를 하게 하는 목표가 무엇이라고 생각하세요?"

"아이의 미래를 위해서죠. 대학과 직장?"

"또 다른 이유를 생각해보세요."

"그야 커서도 아이가 자립해서 잘 살 수 있기를 바라는 마음이죠."

"그런데 그런 당연한 이유로 아이들은 공부에 전념하지는 않더군요."

"그럼 다른 이유가 있다는 건가요?"

"아이가 행복할 수 있도록 해야 한다는 거죠."

"그야 그렇지만, 공부를 해야 경쟁에서 이길 수 있잖아요. 또 그래야 행복한 미래를 보장받을 수 있는 거고요."

"그건 어머님 생각이십니다. 아이의 입장에서는 지금 공부를 해야 할 이유를 찾지 못한 겁니다."

"그럼 어떻게 해야 할까요? 생활기록부 제도나 입시제도가 하도 자주 바뀌어서, 앞날을 더욱더 알 수가 없어요. 하루라도 준비를 하지 않으면 뒤처질 수밖에 없잖아요."

"아이한테 나침반이 되어 주셔야지요."

"제가 지금 하는 역할이 나침반이 아닌가요?"

"나침반의 원리를 잘 생각해보세요. 지금 어머님께서 하시는 것은 일방적으로 끌고 가는 겁니다. 아이가 주체가 아니라요."

동준 엄마는 학습 코치와 이야기를 나누면서 그동안 동준이가 주체가 아니라, 자신이 주체가 되어 동준이의 공부 계획을 세웠던 것이 생각났다. 그리고 그 계획대로 되지 않으면 늘 잔소리를 하고, 조바심을 낸 것도 정작 자신이었다는 것을 깨달았다. 그날도 변함없이 동준이의 방문 앞에 걸린 '공부 파업' 푯말을 보자 화가 나서 소리를 지를 뻔했다. 그러나 학습 코치와 나눈 대화를 떠올리며 겨우 진정하고, 앞으로 자신이 해야 할 역할에 대해서 생각해보았다. '나침반 역할이라니, 어떻게 해야 하는 걸까?' 그동안 공부의 양을 너무 강요했다는 생각이 들었다. 일단 자신이 주체가 아니라 동준이가 주체가 될 수 있도록 해야 한다는 생각에 머리가 지끈거렸다.

"동준아, 엄마가 그동안 엄마 마음대로 계획을 짜서 실천하게 한 거 미안하다."

"엄마가 저를 위해서 그런 건 알아요. 그렇지만 엄마, 이제는 제가 할 수 있는 만큼만 하고 싶어요."

"그럼 엄마도 한 가지 제안을 해도 될까?"

"무슨 제안이에요?"

"스스로 하는 대신 코치님과 학습 목표를 한번 짜보면 어떨까?"

"그럼 제가 학습 목표를 짜서 코치님을 만나 볼게요."

동준이가 짜온 학습 목표를 보니, 동준 엄마가 생각한 것보다 훨씬 더 잘 짜왔다는 생각이 들었다. 일단 내가 함께 해준 것은 정확한 학업 목표를 세울 수 있게 하는 것이었다. 어떤 일이든 명확한 목표가 있어야 실질적이고 구체적인 계획을 잡을 수 있고 실천할 수 있기 때문이다. 그래야 목표를 현실로 이룰 수 있고, 중간에 포기하는 일 없이 꿈을 이루어 낼 수 있다.

그런데 이 과정에서 대부분의 부모가 아이의 목표가 아닌 부모의 목표를 세우게 하는 경우가 많다. 내 아이가 왜 공부를 해야 하고 좋은 성적이

공부를 해야 하는 이유

먼저 아이와 대화함으로써 목표를 정하는 게 매우 중요하다. 이렇게 목표를 설정하면 아이에게 동기가 부여되므로 학습 효율이 높아질 수밖에 없다.

필요한지, 아이의 특성과 현실을 먼저 생각해야 하는데 대부분 그렇게 하지 않는다. 대부분의 부모들이 일방적으로 설정한 목표는 실현 가능성이 떨어지는 경우가 많다.

"아이가 공부를 열심히는 하는 것 같은데 성적이 오르지가 않네요."

"아이의 공부 방법이 어떤가요?"

"제가 스케줄과 진도를 정해주면 거기에 따라 하는 방식을 하고 있어요."

"아이랑 같이 정하지 않고요?"

"네. 아이랑 계획을 세우다보면 답답한 게 이만저만이 아니어서요."

학습 코칭을 하다보면 이러한 말을 자주 듣는다. 부모들은 무조건 목표를 크게 잡아놓으면 그대로 될 거라고 착각하는 경우가 많다. 그러나 이럴 경우 결과가 좋게 나오지 않을 것은 자명한 사실이고, 부모와 아이에게 좌절감을 안겨주기 십상이다. 그러므로 먼저 아이와 대화함으로써 목표를 정하는 게 매우 중요하다. 이렇게 목표를 설정하면 아이에게 동기가 부여되므로 학습 효율이 높아질 수밖에 없다.

아이와 함께 학습 목표를 잘 세우려면 어떻게 해야 할까? 먼저 아이의 수준과 상황에 맞는 학습 목표와 함께 학습 방법도 찾아야 한다. 학업 목표 이외에 다른 영역의 발달도 중요하다는 것을 잊어서는 안 된다. 이 시기에는 친구들과 놀면서 대인관계의 기술을 배우고 예체능 활동을 통해 정서를 함양시키는 것도 놓쳐서는 안 될 중요한 요소이기 때문이다.

일반적인 아이들은 중학교 1학년 말부터 사춘기로 접어든다. 모두 다르지만 가장 일반적인 경우를 보면 중1 말부터 중2까지 가장 심한 몸살을 앓는다. 그런데 이때 '왜 공부를 해야 하는가?'라는 근본적인 질문들로 시작해서 '왜 살아야 하는가?', '왜 나는 엄마, 아빠의 자식인가?' 등 평소에는 하지 않던 그러나 너무도 근본적이고 철학적인 다소 엉뚱한 질문들을 하게 된다. 그러나 이런 질문은 너무나 중요하기에 잘 정리하고 가는 것이 좋다. 사춘기에 접어든 자녀와 함께 서로 질문하며 대화해보라. 이렇게 되물어보는 것이다. "공부하지 않는다면 어떤 일들이 일어날까?"로 시작해서 "부자가 되고 싶다면 그 이유가 무엇이니?", "행복하고 싶다면 왜 행복해야 할까?" 하는 진지한 질문을 해보라. 이런 질문과 관련된 철학책을 함께 읽어보거나 영화를 보는 것도 좋은 방법이다. 또 이와 관련된 신문이나 잡지 칼럼이나 단행본 일부를 발췌해서 엄마, 아빠, 아이가 함께 읽고 서로 토론해보는 것은 매우 유익한 '사춘기 즐기기'가 될 것이다. "엄마, 아빠는 왜 자녀가 공부를 잘했으면 좋겠는가?" 질문에 대한 답을 솔직히 나눠보자. 그래서 자녀의 행복이 아닌 다른 사람보다 더 나은 삶을 살게 하려는 동기가 있었다면 인정하며 고백하고, 더 근본적인 고민들을 함께 해보자. "우리는 왜 행복해야 하는가?"

천재와 둔재

"종수야, 종수야~"

종수를 아무리 불러도 대답이 없자, 엄마는 종수의 방으로 갔다. 종수는 게임을 하는지 방문까지 걸어 잠그고 있었다. 엄마가 몇 번이나 노크를 한 끝에 종수는 겨우 문을 열어주었다.

"너 또 게임하고 있었지? 이렇게 게임만 하다 커서 뭐가 될래? 엄마가 속이 터진다, 진짜. 아니, 어렸을 때는 영재 소리까지 들었는데 지금은 게임에 중독이 되가지고 엄마가 고개를 들고 다닐 수가 없어. 엄마가!"

종수에게 말할 기회도 주지 않은 채, 종수 엄마의 입에서 속사포처럼 여러 말들이 터져 나왔다. 종수 엄마 말대로 종수는 어렸을 때부터 영재성을 인정받은 아이였다. 아들이 영재라는 말을 듣고 그의 미래를 키워주고 싶은 마음에 종수 엄마는 종수에게 많은 책을 읽게 했다. 그 결과, 종수는 혼자서도 잘할 수 있는 아이였는데, 지나친 부모의 강요로 책을 보지 않게 되었다. 제아무리 선천적으로 좋은 머리를 타고났다 해도 손에서 책을 놓아버리면 따라가는 것이 쉽지 않은 일이었다.

"우리 아이가 한때는 천재라는 말을 들었을 정도예요."

"한때 천재 소리, 영재 소리 안 들어 본 아이가 있겠어요?"

"진짜 천재라고 그랬다니까요."

"그런데 지금은 전혀 공부를 하지 않나보죠?"

"지금도 1등을 하고 있답니다."

"1등을 하고 있으면 잘하고 있는 거 아닌가요?"

"뒤에서 1등이라 문제지요."

전교 1등을 놓치지 않았던 종수가 이렇게 추락하게 된 이유는 무엇일까? 초등학교 때 지나치게 경쟁과 학습적인 자극에만 노출된 아이들이 성장 과정에서 점점 불안정해지거나, 부모와 자녀의 관계가 나빠지는 경우를 계기로 성적이 급감하면서 공부에 전혀 흥미를 보이지 않는 경우가 있다. 흔히 볼 수 있는 경우로 바로 종수가 그러했다. 이런 경우 보통은 공부를 완전히 놓아버린다. 공부 자체에 의욕과 흥미를 완전히 잃어버렸기 때문이다. 즉, 학습 희열도가 바닥까지 내려간 것인데 이런 경우 향후 학자로 성공하기는 매우 어렵다. 그래서 종수의 심리 상태는 어떤지 알아보고, 종수의 생활 태도 개선을 위해서 종수의 코칭을 맡게 되었다. 그리고 코칭을 하면서 종수 스스로 느꼈던 압박감 대부분이 부모에게서 나온 것임을 알 수 있었다.

"늘 1등을 해야 한다는 압박감 때문에 살 수가 없었어요."

"압박감이 컸구나."

"네. 1등을 해야 인정을 받았거든요. 1등을 놓치면 어떻게 하나 늘 무서웠어요."

"그래서 종수 네가 많이 힘들었구나."

종수는 자신을 영재나 천재로 보는 주위의 시선이 부담됐고, 1등을 하지 않으면 자신이 어떻게 비춰질까에 대한 걱정 때문에 늘 압박감에 시달렸다고 한다. 그러다 한번은 성적이 많이 떨어졌는데 그때 컴퓨터 게임을 하면서 기분이 나아졌고, 컴퓨터 게임을 하는 횟수가 늘어나 지금의 모습이 되었다고 말했다. 그러면서 컴퓨터 게임에 매달려 있는 자신의 모습이 무서웠다고 한다. 그래서 종수는 스스로 컴퓨터 시간을 조절하려고 했는데, 그것을 방해하는 훼방꾼이 바로 엄마였다고 했다.

"엄마가 그렇게 말할 때마다 마음이 답답해요."

"엄마에게 네 마음을 보여드린 적이 있니?"

"엄마는 제 마음 따위는 보지 않으세요. 단지 예전에 제가 1등을 했던 것에 대해 미련만 크신 것 같아요."

"종수야. 내가 보기에는 네 마음속에 있는 무거운 중압감을 엄마에게 보여주면 엄마도 변할 수 있을 것 같은데, 한번 노력해볼래?"

"저도 제가 처음 실수를 했던 그때로 돌아가고 싶어요. 그때 제가 얼마나 답답했는지 속 시원히 말하고 싶어요."

"그래, 그럼 우리 그때로 다시 돌아가 볼까? 지금 엄마와 이야기를 나눠보겠니?"

종수는 말없이 고개를 끄덕였고, 곧 종수 엄마가 들어오셨다. 말없이 서로를 마주보며 앉아 있던 두 사람 중 종수가 먼저 엄마에게 그때 이야기를 꺼냈다. 한 번 성적이 떨어진 것을 보고 자신이 실패했다는 생각에 두려웠다는 이야기와 그 두려움의 중심에는 엄마와 아빠가 있었다는 이야기였다. 종수 엄마는 1등만을 강요해서 미안했다며 종수를 껴안고 흐느꼈다. 두 사람의 눈물의 화해 이후 종수는 조금씩 변하기 시작했다. 이미 뒤떨어질 대로 뒤떨어진 성적이었기에 예전처럼 갑자기 전교 1등이 되기는 힘들었지만, 무섭게 성적이 향상되기 시작했다. 게임을 하고 싶을 때는 엄마에게 허락을 받았고, 꼭 그 시간을 지켰다. 종수는 어두운 터널 안에 있었던 때로 다시 돌아가지 않았다. 몇 번의 위기가 없었던 것은 아니지만 엄마는 그때마다 종수에게 "어떻게 하고 싶니?" 질문을 하고 기다려줬다. 그리고 몇 년 후 종수가 원하는 대학의 컴퓨터 관련 학과에 입학했다는 소식이 전해졌다.

종수의 경우처럼 아무리 공부를 잘하고 머리가 뛰어나도 실패나 실수

천재와 둔재
어릴 때 작은 실패나 좌절을 겪는 것이 오히려 좋은 경험이 될 수도 있다. 부모가 억지로 책상에 앉히거나 학원에 보낼 수는 있지만, 실제로 공부를 하는 것은 아이임을 명심하라. 아이의 결정과 선택권을 존중해줘야 한다.

를 견디지 못하면 곤두박질치며 추락할 수 있다. 그러나 종수처럼 다시 스스로 일어나 제자리로 돌아갈 수 있는 힘이 있다면 무엇이든 할 수 있다. 어릴 때 작은 실패나 좌절을 겪는 것이 오히려 좋은 경험이 될 수도 있다. 부모가 억지로 책상에 앉히거나 학원에 보낼 수는 있지만, 실제로 공부를 하는 것은 아이임을 명심하라. 아이의 결정과 선택권을 존중해줘야 하고, 아이의 실패나 좌절에 부모가 너무 속상해하거나 내색을 해서도 안 된다. 그런 것들을 외부로 표출됐을 때, 그 모든 것들은 아이가 감당해야 하기 때문이다.

부모가 주는 중압감이나 아이 스스로 느끼는 중압감이 학업에 미치는 영향이 긍정적인 경우는 거의 없다. 대체로 이런 현상은 학습 희열도를 낮게 하고 천재에서 평범한 아이로, 평범한 아이에서 둔재로 바꾸는 작용을 한다. 따라서 자녀의 학습에 대한 선호도, 즉 학습 희열도가 낮아지는 것을 주의해야 한다. 예를 들어 수학의 경우 성적 하락의 경험으로 어린 시절 자주 많이 혼나본 사람들이 수학이라는 과목을 잘하기 어려운 원리와 마찬가지다. 학습 희열도는 매우 중요한 개념으로 자녀가 끝까지 공부에 대한 선호 감각이 높게 남아 있어야 공부로 성공할 가능성이 높다. 따라서 NLP 코칭에서는 지나치게 낮아진 특정 과목에 대한 선호도를 올리는 코칭이 있다. 선호 감각 체크리스트라는 기술이다. 이는 수학이라는 과목이 선호도 10점 만점에 4점 정도로 비교적 낮을 때 비교적 좋아하는 과목인 영어 과목 9점의 감각으로 바꿈으로써 선호도를 올리는(자주 사용하지는 않지만 효과는 높은) 기술이다. 하지만 수학의 경우 이렇게 선호도를 높이는 동시에 수학이라는 과목에 대한 트라우마를 극복하는 특별한 이벤트를 하는 것이 중요하다. 예를 들면 여름과 겨울방학에 얇고 쉬운 문제집을 두 권 사서 반복적으로 7번 이상 풀게 하는 것이다. 틀린 문제에는 별표로 표시하고 나중에 이해한 문제는 별표 뒤에 동그라미로 표시하는 방식으로 7번 이상 풀면, 아는 것과 모르는 문제가 구분되어 3번째 풀 때는 틀린 것만 반복해서 풀 수 있다. 생각보다 오래 걸리지 않고 7회 이상 문제집을 반복해서 풀 수 있다. 당연히 답은 별도의 연습장에 풀면서 반복해야 한다. 문제집에는 별표와 동그라미 표시만 있어야 반복해서 풀 수 있기 때문이다. 이렇게 반복한 이후 아무런 표시도 없는 동일한 새 문제집을 풀게 함으로써 마치 처음 본 문제를 모두 아는 것 같은 착각 현상을 통해 수학 과목에 대한 트라우마를 해소할 수 있다. 한 가지 더 팁이 있다. 트라우마가 어느 정도 해소됐다면 수학은 수업 하루 전에 예습하는 것이 좋다. 이때 노트는 좌우로 반을 접어서 왼쪽에만 예습을 활용하고 오른쪽 빈칸은 수업 시간에 선생님을 풀어주는 문제를 푸는 공간으로 활용한다. 이렇게 10~40분 정도 수업 분량만 예습한 후 학교에 가면, 수업 전에 이미 아는 것과 모르는 것이 구분되어 있기 때문에 수업 시간의 효율성이 많이 올라간다.

엄마는 슈퍼우먼

요즘 엄마들은 슈퍼우먼처럼 슈퍼 울트라 파워를 지니지 않으면 견디기 어려운 세상에 살고 있다. 단순히 자녀의 등교와 학원 통학에만 매달렸던 시절은 옛말이 되었다. 엄마의 학습 매니지먼트가 자녀교육에 있어 부모의 능력으로 간주되고 있을 정도다. 또한 입시제도의 변화로 엄마들은 초등학생 자녀의 생활기록부와 독서 및 스펙 관리까지 챙겨야 하며, 자녀의 자기주도학습을 위해서도 신경 써야 한다. 혼자 공부하는 것을 무조건 자기주도학습이라고 막연하게 생각하는 사람도 있지만, 자기주도학습이란 계획 단계부터 실천 과정까지 학습의 주체인 자녀가 주도적으로 참여한다는 의미다. 먼저 부모의 자기주도학습에 대한 확실한 개념 이해가 먼저 되지 않으면 실패할 가능성이 높다.

자녀의 공부 방법에 문제가 있다면 아무리 훌륭한 선생님들에게 좋은 수업을 많이 듣는다 하더라도 성적이 오를 리 없고, 학습 목표를 이루기 어렵다. 제대로 된 학습 방법을 알고 있고 자녀와 좋은 관계에 있는 부모라면 이야기는 달라질 것이다. 무턱대고 공부하라고 잔소리하기보다는 올바른 학습 방법이 선행되어야 한다. 먼저 효과적인 학습 방법을 알지 못하거나 그 방법대로 하지 않는 사람은 스스로 공부하는 힘이 부족한 아이가 된다.

엄마는 슈퍼우먼
부모의 자기주도학습에 대한 확실한 개념 이해가 먼저 되지 않으면 실패할 가능성이 높다. 부모의 작은 변화가 아이의 인생을 송두리째 바꿀 수 있는 만큼, 인생의 큰 틀을 아이 스스로 짤 수 있도록 도와줘야 함은 당연한 부모의 몫이다.

학습 전략은 학습의 과정과 결과에 중요한 영향을 미치며, 좋은 전략을 많이 사용할수록 스스로 공부하는 능력 즉 '자기주도적 학습 능력'이 높아지게 된다. 이러한 자기주도적 학습 전략을 잘 짜려면 어떻게 해야할까? 부모의 작은 변화가 아이의 인생을 송두리째 바꿀 수 있는 만큼, 인생의 큰 틀을 아이 스스로 짤 수 있도록 도와줘야 함은 당연한 부모의 몫이다. 그렇다면 과연 어떻게 도와줄 것인가? 그 기술이 바로 학습 코칭이다.

코칭 tip

내 아이의 자기주도적 학습을 위해 그리고 제대로 된 공부 습관을 키워주기 위해 고민하고 있다면 '부모를 위한 학습 코칭' 강의를 들어보는 것이 좋다. 부모의 학습 코칭은 아이들이 변화와 성장에 확실하고 파워풀한 효과가 있기 때문이다. 자녀를 변화시켜 성장시키고 싶다면 먼저 부모가 변화하고 성장되어야 한다. 그 변화와 성장의 크기에 비례해서 자녀가 변화하고 성장하기 때문이다. 한국학습코치협회(klcoach. or.kr)는 초중고 자녀들을 학습 코치가 코칭할 때 4, 8, 12, 16세선마다, 즉 4회 차마다 부모를 코칭해야 한다고 가르친다. 이유는 아이들이 변화하고 성장하는 데 부모가 가장 중요한 환경이기 때문이다. 영재성을 보이는 아이도 부모의 에고로 인해 향후 부모와의 절대적 불화 관계로 성장할 수밖에 없는 경우도 많다. 어느 교장 선생님의 말씀이 늘 내 마음에 남아 있다.

"큰아이는 사람들이 다 부러워할만한 의과대학을 나와서 지금은 개업의가 되었지만, 나는 큰아이보다 나와 같이 교사의 길을 걷고 있는 둘째 아이야 말로 스스로 자녀교육에 성공했다고 생각합니다."

이 말이 의미하는 바를 부모들은 잘 새겨들어야 할 것 같다. 사회적으로 성공했지만 몇 년 동안 한 번도 찾아오지 않는 자녀나, 한평생 홀로 자녀를 뒷바라지한 어머니에게 결별을 선언한 채 살아가는 자녀의 이야기를 들으면 부모가 코칭을 받을 이유는 오히려 넘치면 넘치지 부족하지 않다. 심지어 자녀보다 부모에게 부모 코칭을 받거나 아예 학습 코치가 되라고 자주 권한다. 자녀가 둘 이상만 되어도 사교육에 들어갈 비용 등을 고려해본다면 결코 후회하지 않을 것이다. 한국의 자녀교육의 문제점 중 가장 큰 문제점을 꼽으라고 한다면 자녀를 위해서는 불필요한 비용도 쓰면서, 정작 부모들이 자신의 성장을 위해서는 투자하지 않는 점이라고 나는 서슴없이 말할 수 있다.

주관 있는 아이로 키우는 부모 코칭

부모들은 보통 자녀를 말할 때 '내 아이, 우리 아이'라는 표현을 자주한다. 그런데 그 표현에는 아이에 대한 부모의 에고와 소유욕이 들어 있다. 부모들은 대부분 아이가 말을 잘 들으면 흐뭇해하고, 잘 듣지 않으면 몹시 걱정한다. 아이가 부모의 생각대로 하지 않고 말을 잘 듣지 않는다면 주관이 뚜렷하다는 증거란 말도 있다. 무턱대고 말을 잘 듣는다면 오히려 주관이 없을 가능성이 많다. 반면 '자기주도'라는 말은 스스로 세상을 헤쳐 나갈 수 있는 진정한 내면의 힘, 즉 주관 있는 아이라는 뜻을 내포하고 있다.

중학교 3학년인 강식이는 초등학교 때까지 학원은 다니지 않고 농구와 축구, 야구 등 스포츠에 빠져 지내다 초등학교를 졸업했다. 강식이 엄마가 강식이를 설득해보려 해도 논리적으로 맞지 않으면 절대 항복하지 않는 주관이 뚜렷한 성향 때문에 엄마의 속이 타들어가기도 여러 번이었다. 그런데 이런 고집불통 강식이가 중학교 때 갑자기 공부를 하기 시작했다. 더 대단한 것은 여전히 학원을 다니지 않고 혼자 힘으로 공부한다는 점이다.

자신이 선택한 한 가지에 빠지면 최선을 다하는 것이 평소 강식이의 성향이었다. 그래서인지 자신이 택한 '공부'를 하면서 1년 만에 전교 1등이 되었다. 학교 공부와는 담 쌓고 농구, 축구, 야구만 하던 아이가 어떻게 이렇게 변할 수 있었을까? 그것은 자기 생각이 뚜렷한 주관이 있었기에 가능했다. 주관이 있다는 것은 자신의 모습을 있는 그대로 보여줄 수 있는 힘이다. 자신의 생각을 찬찬히 들여다보며 의견을 표현하고, 내면의 이야기대로 행동을 시도하는 데 주저함이 없는 사람을 '주관과 평정심이 있는 사람'이라고 할 수 있다.

그리고 강식이가 쉽게 변할 수 있었던 이유는 부모의 신뢰다. 강식이의 부모님은 강식이를 끝까지 믿어주었다. 중간중간 속을 끓긴 했지만 강식이에게 이래라 저래라 명령하지 않고, 강식이의 의견을 끝까지 신뢰하였다. 아이의 주관은 사소한 생활 습관에서 스스로 고민하는 것들이 많아져야 생긴다. 생활 습관부터 바뀌어야 자기 주관이 생기는 것이다. 아이가 좀 돌아가는 길을 선택했고, 그 때문에 시간이 낭비되는 것 같아도 시행착오를 겪도록 뒤에서 기다려주고 지켜봐주는 부모의 모습이 필요하다. 아이가 부모로부터 자신이 '이해'받는다는 것을 느낄 수 있을 때 최선을 다하는 능력이 발휘되어 나온다. 부모는 이를 위해서 충분히 아이의 의사를 존중해주고, 아이가 무슨 말을 해도 귀 기울여 듣는 자세가 필요하다. 좀 부족하더라도 자신의 선택을 존중해주는 경험이 반복돼야 자신감을 갖기 때문이다.

주관 있는 아이로 키우는 부모 코칭

부모는 충분히 아이의 의사를 존중해주고, 아이가 무슨 말을 해도 귀 기울여 듣는 자세가 필요하다. 아이가 부모로부터 자신이 '이해'받는다는 것을 느낄 수 있을 때 최선을 다하는 능력이 발휘되어 나온다.

미국 샌프란시스코의 한 교실에서 있었던 실험이다. 유난히 성적이 낮았던 한 학교에서 갖은 노력을 해보았지만 성적과 아이들의 태도 둘 다 만족할만한 성과가 나오지 않았다. 그러던 중 우연히 이 학교는 장시간의 계획에 의해 증축과 개축을 하게 되었고, 학생들은 다행히 이전의 환경보다 훨씬 좋은 환경에서 공부하게 되었다. 그 좋은 환경이란 다름 아닌 사면이 모두 창으로 트였을 뿐만 아니라, 푸른 녹지로 조성된 공원 속에 둘러싸여 있어 마치 숲 속의 학교 같은 환경이었다. 아이들의 정서적 안정은 물론이고 성적도 놀라울 정도로 상승되었다. 아이들이 자기주도학습을 실천하는 데 환경은 매우 중요하다. 가장 중요한 것이 '부모'란 환경이라면, 두 번째가 '집안 환경'이다. 오래전 강남의 큰 평수 아파트에 사는 한 아이의 집을 방문할 기회가 있었다. 그 아이는 좀처럼 공부를 하지 않았다. 집은 넓고 좋았지만 집안 환경을 보고는 아이가 공부하지 않는 것이 이해되었다. 아이는 시골서 올라오신 외할머니와 한방을 쓰고 있었고, 방에는 아이가 공부할 수 있는 책상이나 책이 거의 눈에 띄지 않았다. 환경과 관련된 한국의 작은 학교에서 일어난 기적도 있다. 성남의 남한산성 안에 있는 작은 초등학교에서 일어난 교실 혁명 이야기다. 이 시골 초등학교는 전국에서 전학 오려는 사람들로 북적거려서 인근의 집값과 전셋값이 올라갔을 정도로 인기가 좋았다. 숲 속에 둘러싸인 환경에서 아이들이 자유롭게 뛰어놀며 학습 목표를 성취할 수 있도록 수업에 대한 설계를 고민한 선생님들의 노력이 돋보였기 때문이다. 예를 들면, 수학시간과 사회, 가사 시간을 통합하여 3시간 동안 아이들에게 집에서 돈을 가져와 멀리 있는 농수산물 시장을 찾아가게 한다. 채소 도매상에 가서 직접 김치와 채소를 사와 간단한 요리를 해보는 수업을 기획한 것이다. 아이들은 직접 도매시장에 가서 물건을 사오고 간단한 요리도 해보며 3시간 동안 수업을 한다. 그밖에도 대부분의 수업은 아이들과 선생님이 자유롭게 교류하며 뛰어놀 수 있는 식의 자유분방함이 특징이다. 숙제에 대한 부담보다는 활동과 나눔, 자연과의 교감에 더 강조점을 둔 커리큘럼의 탁월성이 돋보이는 학교였다. 이런 모든 수업의 가장 밑바탕은 아이들의 자기주도성이었다. 교사들은 큰 방향성만을 기획하고 나머지는 모두 아이들이 직접 삼삼오오 짝을 만들고 함께 기획하고 진행해나가고 있었다. 결국 자기주도성이란 '인생을 어떻게 살아갈 것인가?'란 물음에 스스로 답하는 것이다. 따라서 인생을 설계한 사람이 그 결과에도 승복해야 하기에 과정에서도 최선을 다하게 되어 있다. 따라서 자기주도를 한때의 유행처럼 인식해서는 안 된다. 자기주도란 인생에 대한 최선의 태도이기 때문이다.

8장
꿈에 관한 코칭

꿈에 관한 대화

> **"대화를 나누면서 꿈을 찾을 수 있도록 도와줘야 한다."**

"엄마가 이 정도 투자했으면 됐지, 얼마나 더 해야겠니?"

지영 엄마는 오늘도 딸에게 윽박지르고 있다. 그게 오히려 아이와의 대화를 단절시킨다는 것을 알면서도 계획대로 되지 않으면 먼저 억양이 높아지는 게 문제였다. 엄마의 이런 모습이 익숙한 탓인지 지영이는 엄마가 말하는 동안에 아무런 대답도 하지 않은 채 물끄러미 엄마를 바라볼 뿐이다. 이런 일들이 이어지자, 코칭을 위해 나를 찾아오게 됐다.

"코치님께 부탁할게요. 도대체 애가 무슨 생각을 하는지 알 수가 없어요."

"어머님이 바라시는 것이 무엇인가요?"

"저는 지영이가 꿈이 있는 아이로 자라나길 기대했었어요."

"지금 어머님 보시기에 지영이가 꿈이 없어 보이나요?"

"네. 물어도 대답도 하지 않고, 속이 터질 것 같아요."

"어머님이 너무 성급하다고 생각해보신 적은 없으세요?"

"벌써 중3인데, 지금부터 꿈이 정해져 있지 않으면 경쟁 사회에서 살아남지 못할 거예요."

"그런데 꿈이 갑자기 만들어질 수는 없는 일이에요."

"네. 그래서 기다리려고 했어요."

"그런데 무엇이 문제였나요?"

"지영이가 아무 생각이 없어 보여요. 그래서 더 속상합니다."

지영 엄마는 지영이가 아무 생각 없이 학교에 다닌다고 생각하고 있었다. 지영이가 상위권 성적이다 보니, 은근 큰 기대를 갖고 있었다. 조금만 더 하면 전교 등수도 가능할 것이라며, 지영이가 좀 더 공부하길 바란다고 했다. 그런데 지영 엄마는 지영이가 무엇을 좋아하는지, 뭘 하고 싶어 하는지 아는 것이 없었다. 지영이는 앞으로 하고 싶어 하는 일이 무엇인지도 모른 채, 엄마의 바람대로 그저 공부만 했던 것이다.

"전 꿈을 찾고 싶었어요."

"그래서 공부하기 싫어졌니?"

"아니요. 제가 공부를 열심히 해야 하는 이유를 찾고 싶어요."

"엄마께서 그 마음을 이해하지 못하셨구나."

"엄마는 제 등수에만 관심이 있지, 제가 무엇을 하고 싶은지는 관심이 없으세요."

지영이는 엄마가 자신의 꿈에는 관심이 없고 성적만을 강요하는 것이 힘들었다. 아이의 적성에 맞는 진로를 찾으려면 무엇보다도 부모의 역할이 중요하다. 아이의 꿈을 찾을 수 있도록 도와주는 역할을 부모가 해야 한다. 그럼 어떻게 아이의 꿈을 찾아줄 수 있을까? 그 방법은 생각보다 간단하다. 부모들이 충분히 할 수 있는 방법이다. 아이가 등교하는 길에 살짝 편지를 써서 주거나, 아이와 비밀 수첩을 작성한다거나, 손쉽게 메일이나 문자 메시지 등을 활용하면 쉽게 대화를 나눌 수 있다. 이런 것들을 잘 활용하면 대화를 통해 아이가 꿈을 찾을 수 있도록 도울 수 있다.

"국제무대에 서기 위해서는 영어회화가 필요하기 때문에 영어 공부가 하고 싶어요."

"엄마한테 그런 이야기를 해본 적이 있니?"

"그런 이야기를 하면 엄마는 외국으로 유학을 보내실 걸요."

"지영이는 외국으로 나가는 것이 싫구나."

"네. 주위에서 적응하지 못한 친구들을 꽤 봤거든요. 그리고 사실 저도 외국에 나갔다가 금방 들어왔어요."

"그때 많이 힘들었구나."

"네. 지금은 혼자 공부하면서 꿈을 키워나가고 싶어요."

지영이는 외국에서 영어를 못한다고 놀림당했던 기억이 있었다. 그래서 청소년기 학생들은 비난을 받거나 놀림당할까 봐 자신이 되고 싶은 것을 친구나 부모에게 당당하게 말하지 못하는 경우가 많다. 지영이와 엄마는 평소 자연스러운 대화가 없었다. 대화할 때도 부모가 갑작스럽게 대화를 유도하는 것 자체가 부담스러울 수 있다. 나는 지영 엄마에게 지영이의 상황을 엄마가 알아듣도록 이야기했다. 지영 엄마는 깜짝 놀라며 자신의 딸이 겪어야 했을 끔찍한 경험을 안타까워하며 자책했다. 나는 지영 엄마에게 지영이와 같이 공유하는 비밀 수첩을 써보라고 권했다. 그 후 지영이와 지영 엄마는 수첩을 통해 많은 이야기를 나눴고, 서로에 대해 이해하기 시작했다. 그 과정에서 지영이는 마음 안에 담아놓은 아픔을 다 털어낼 수 있었고, 공부에 더 매진하여 소위 말하는 명문 대학 영문과에 입학할 수 있었다.

꿈에 관한 대화

아이의 적성에 맞는 진로를 찾으려면 무엇보다도 부모의 역할이 중요하다. 아이의 꿈을 찾을 수 있도록 도와주는 역할을 부모가 해야 한다.

코칭 tip
. . . .

아이들에게 공부는 지겨운 것이 아니라 '정말 내가 하고 싶은 것'으로 인식되면 학습 효과가 훨씬 뛰어나다. 아이의 적성을 스스로 찾을 수 있게 도와주고, 자발적으로 공부하게 하려면 무엇보다도 부모의 역할이 중요하다. 여기서 가장 중요한 역할은 욕심 대신 뒤에서 묵묵히 기다려주는 것이다. 우리 아이가 멋진 꿈을 꾸고 그 꿈을 이루려면 부모로서 어떻게 도와야 할까? 부모와 자녀가 '오늘 칭찬해야 할 일'을 적어두는 칭찬 수첩이나, 가족 밴드, 채팅방, e메일을 통해 대화를 시작하는 것도 좋다. 수첩에 하찮다고 여겼던 소소한 것들을 자세하게 관찰해서 꼼꼼하게 적어둔다. 여기서 중요한 점은 자녀에게 칭찬을 아끼지 않아야 한다는 것이다. 부모의 진심 어린 말 한마디가 서로의 말문을 열수 있는 기회를 제공하기도 한다. 자녀가 '주도형'이라면 단도직입적으로 칭찬하되 미래의 큰 인물이 될 것을 항상 염두에 두고 칭찬하는 것이 좋다. '사교형' 아이라면 조금 더 화려한 칭찬과 오버하는 듯한 발언도 도움이 된다. 하지만 '신중형' 아이라면 반드시 원인과 결과를 가지고 논리적이고 상황에 맞도록 분명한 이유를 들어 칭찬하는 것이 좋다. 또 '안정형'이라면 지나친 과장보다는 실리적인 이유와 노하우를 전하며 칭찬하는 것이 좋다. 이 같은 대화를 통해 자녀와의 관계가 단단해지면, 이제 자녀의 적성이나 꿈을 들여다볼 수 있는 기회가 제공될 수 있다. 또한 자녀가 좋아하는 것도 적극적으로 도와줄 수 있다.

강요하지 마세요.

"부모의 강요나 푸념이 독이 된다."

"학창시절 때 제대로 공부했으면, 이런 고생은 안 하고 사는데⋯."

"⋯⋯."

"공부도 다 때가 있다. 열심히 해라."

"⋯⋯."

"너는 아빠가 말하면 대답 좀 해라."

"⋯⋯."

"이 녀석아 말을 좀 해라. 어른이 말씀을 하시면 '네'라고 해야지."

"네."

준우 아빠는 술 한 잔 걸치고 들어오는 날에는 준우를 앉혀놓고 이런 얘기, 저런 얘기를 했다. 하지만 언제나 대화가 아니라 일방적인 이야기라는 것이 문제였다. 준우 아빠의 다그침이 계속 이어지자, 준우는 마지못해 '네'라고 대답하고, 준우 엄마는 남편에게 그만하고 어서 씻으라며 다그친다. 이런 모습은 한 달에 두어 번은 연출되는 광경이었다.

강요하지 마세요

보통 부모들은 자신이 학창시절 때 되고 싶었던 것을 자녀에게 강요하곤 한다. 하지만 이것은 학습 효과를 떨어뜨리는 원인이 된다. 아이들은 부모의 강요나 푸념을 들으면서 '공부는 하기 싫은 것'이라고 생각한다.

"이 아빠가 했던 거 절반만 해도 좋을 텐데…. 아빠는 너만 할 때, 잠도 안 자고 공부했어."

"눈에 불을 켜고 했다 이 말이죠?"

"어른 말씀하시는데 또 끼어든다."

과연 이런 이야기가 준우에게 도움이 될까? 아이들은 부모님의 이런 소리를 들으면 하던 공부도 하기 싫어지고, 책도 쳐다보기 싫다고 말한다. 부모가 항상 자녀 앞에서 강한 척할 필요는 없다. 때로는 자녀에게 솔직하게 말하는 것이 좋다. 아이들과 마찬가지로 부모 역시 노력해야만 꿈을 이룰 수 있는 똑같은 존재이며 모두가 각자의 꿈을 위해 살아가야 한다는 것을 알려주려면, 부모가 자녀에게 솔직하고 진실한 모습을 보여줘야 한다. 아이들은 부모를 자신과 같은 존재라고 생각했을 때 다르게 반응한다. 스스로 책임감을 갖게 되고, 자신이 무엇을 해야 하는지에 대해 신중하게 고민하며 실행하게 된다.

"아빠 꿈을 네가 대신 이뤄줘야 한다."

전교 상위권을 유지하고 있는 준우는 아빠의 그 말이 어깨에 큰 짐이라는 고백을 했다.

"아빠가 그 말씀을 하실 때마다, 숨이 탁 막혀요."

"준우는 아버지를 위해서 공부한다는 생각이 들었나보구나."

보통 부모들은 자신이 학창시절 때 되고 싶었던 것을 자녀에게 '네가 꼭 해내야 해'라는 식으로 강요하곤 한다. 하지만 이것은 학습 효과를 떨어뜨리는 원인이 된다. 아이들은 부모의 강요나 푸념을 들으면서 '공부는 하기 싫은 것'이라고 생각한다. 부모의 관심과 감시(?)의 영역에 있을 때 공부하는 듯 흉내내기 시작하면, 이런 아이들은 대개 '노력을 안 해도 어떻게든 살 수 있겠지'라는 생각으로 무의미하게 학창시절을 보낼 수 있다는 것을 잊어서는 안 된다.

아이에게 꿈을 강요하지 말고 꿈을 심는 방법을 함께 경험하게 하라. 아이들은 어른의 뒷모습을 보고 인격적인 성장을 한다. 부모는 하지 않는 것을 너희들은 꼭 해야 한다고 강조해도 아이들은 부모 앞에서만 따라하는 수동적인 아이로 성장하기 쉽다. 예를 들어 평생 동안 독서하는 모습을 보여주지 않은 부모가 자녀에게 독서를 강조한들 아이들이 들어줄 리는 만무하다. 그 대신 책을 아이의 행동과 관심 영역 안 여기저기에 가져다놓고 부모가 먼저 책을 읽는 모습을 보이는 것이 백 마디 말보다 효과적이다. 부모의 꿈이었던 전공 때문에 재수와 삼수를 하는 아이들이 있다. 이런 아이들은 대부분 큰 성공을 하지 못한다. 그 꿈이 꼭 이루고 싶은 것이어도 실은 진정한 자기 꿈이 아니기 때문이다. 꿈 찾기나 비전 캠프, 아니면 이와 관련된 책을 읽으며 가정 안에서 온 가족이 함께 50~100개의 꿈 찾기 대회를 열어보는 건 어떨까? 캠프 비용 대신 푸짐한 선물을 준비하고 파티를 열어보는 것은 의미 있는 일이다. 이런 일들이야말로 자녀의 가슴에 황금씨앗을 심는 일이다.

계획 킹왕짱

" 계획은 자기주도학습의 첫 번째 관문이다. "

학부모들이 열광하는 SKY대학에 들어간 민서는 그 비결을 '학습 플래너'라고 말한다. 고2 때 학습 플래너의 위력을 직접 체험했기 때문이다. 민서가 처음부터 공부를 잘했던 것은 아니다. 늦공부가 터진 민서는 1학기 중간고사 때 모의고사 성적이 전교 30등에 머물렀었다.

"코치님, 아무리 공부를 해도 성적이 오르지 않아요."

"성적이 오르지 않아서 고민이구나."

"네. 열심히 한다고 하는데, 성적이 오르지가 않아요."

"성적이 오르지 않은 이유가 무엇인 것 같니?"

"제가 열심히 한 만큼 다른 친구들도 열심히 하니깐 그런 것 같아요."

"그럴 수도 있지만 공부 방법을 바꿔야 할 수도 있을 것 같은데, 어떻게 생각하니?"

"공부 방법을요?"

"그러기 위해서는 우선 시간 관리가 효율적이니 학습 플래너를 써보자."

"학습 플래너가 뭐예요?"

학습 플래너는 자기주도학습의 첫 관문으로 많이 사용하는데, 이는 비교적 효율성이 높기 때문이다. 학습 계획을 세부적으로 시간과 양에 따라 적는 것으로 목표, 전략, 시간 배치, 실행, 피드백에 따른 계획을 원활하게 수행했는지 상세하게 표기하면 된다. 학습 플래너의 요소 중에서 체크하는 칸이 하나라도 빠진다면 효과를 거둘 수 없다. 학습 플래너의 외관이나 사용 방식에 얽매일 필요는 없고, 원리만 제대로 알아서 직접 만들어 쓰면 효과를 거둘 수 있다. 특히 학습 플래너를 사용하면서 일주일에 최소 1번 이상은 지난 계획과 성과를 돌아보는 피드백 시간을 가져야 한다. 실패한 계획은 이유를 적는데, 단순히 '놀았다', '게임을 했다' 식으로 적으면 효과를 거둘 수가 없다.

"선생님, 이렇게 썼는데 봐주세요."
"이렇게 쓰면 효과가 없단다."
"그럼 어떻게 쓰는 것이 좋을까요?
"자, 이 페이지에서 '졸렸다'라는 식으로 적으면 안 돼. 근본적인 원인을 찾아내야 해."
"사실 게임을 하다 시간이 많이 흘러서 그런지 졸리더라고요."
"그럼 그게 이유가 되지. 그 이유를 정확히 명시해야 한단나."

"아, 그래야 다음번에 같은 이유로 실패하지 않겠네요."

"그렇지. 그래야 다음에 그런 잘못을 반복하지 않게 된단다. 그래서 항상 이유(Why)를 적고 어떻게(How) 할 건지를 남겨야 한단다."

이처럼 학습 플래너가 큰 효과를 거두는 것은 근본 원인을 파악해 문제 해결력을 키울 수 있게 해주기 때문이다. 그래서 학습 플래너를 시작할 때는 작고 사소한 계획부터 적고, 점차 크기를 키워서 달성해나가면 효과가 크다. 가장 중요한 것은 작은 목표로 시작해서 작은 성공들을 경험하는 것이므로 처음에는 목표를 절대로 높게 세우면 안 된다. 목표는 늘 사다리를 올라가듯 낮은 것에서 점차 높은 것으로 성공의 경험들을 쟁취할 때 자기 효능감과 자존감이 향상되어 생각보다 훨씬 큰 효과를 볼 수 있게 된다.

"선생님, 이번에는 원인까지 잘 파악해서 썼는데 봐주세요."

"무척 꼼꼼하게 썼구나. 놀았던 이유까지 잘 나와 있네."

"처음에는 이것들을 다 체크하는 것이 쉽지가 않았어요."

민서는 처음 실패한 학습 플래너를 바탕으로 두 번째부터는 거창한 계획 대신 자투리 시간에 끝낼 수 있는 자잘한 계획부터 세워 실천하기 시작했다. 이런 단계별 연습을 통해 세 번째 달에는 원하는 만큼의 공부 계획까지 늘려가는 데 성공했다.

"평소에도 늘 가지고 다녀야 효과가 더 있는 것 같아요."

"그럼 학교에도 가지고 다니고 있니?"

"네. 그때그때 체크하는 습관을 가지니까 공부에도 도움이 되더라고요."

민서는 학습 플래너를 평소에도 늘 가지고 다니며 수시로 살펴본 것이 큰 도움이 됐다고 했다. 또한 잠잘 때도 머리맡에 두고 자고, 아침에 깨서도 학습 플래너에 기상시간부터 체크하며 생활 리듬을 체계적으로 바꿨다고 한다. 그리고 주말에는 학습 플래너에서 지키지 못한 계획을 위한 시간으로 비워두고, 공부를 다시 채워 넣는 시간을 가졌다. 이렇게 노력한 끝에 민서는 전교 30등에서 전교 3등으로 올라가게 되었고, 원하는 대학의 원하는 학과에 입학하게 됐다.

학습 플래너를 꾸준히 쓰려면 사용법을 먼저 제대로 알아야 한다. 시중에 나와 있는 학습 플래너를 꼼꼼히 살펴보라. 속지에 사용법이 구체적으로 나와 있거나 설명회, 워크숍, 온라인 동영상 강의 등을 통해 정확한 작성법을 알려주는 제품을 활용할 수도 있을 것이다. 무엇보다 학습 플래너를 세웠으면 주 단위로 점검을 하는 것이 좋다. 한 주가 지나면 스스로 목표 달성도를 점검하는 것이다. 처음에는 계획을 세우고 실행하는

효과적인 학습 플래너 짜기

먼저 학습 플래너를 쓰기 전에 자신의 목표를 구체화하는 작업부터 해야 한다. 목표는 장기-중기-단기 목표 순으로 세우는 것이 좋다. 하루 일과를 마치고 나면 계획한대로 공부를 했는지 반드시 학습 플래너에 표시해야 한다.

데 익숙하지 못해서 해야 할 공부가 자꾸 밀려 포기하고 싶어질 수도 있다. 처음에는 학습 플래너에 작은 목표부터 정확하게 작성하고 실행에 옮기며 성공하는 경험을 채우는 데 의의를 가질수록 많은 시행착오를 줄일 수 있다. 시간 관리법을 잘 지키게 되는 것은 자존감의 향상 때문인데, 이는 결국 성공의 경험이 일정량 채워져야 만들어지는 무엇보다 주요한 내적 자원이다.

코칭 tip

먼저 학습 플래너를 쓰기 전에 자신의 목표를 구체화하는 작업부터 해야 한다. 목표는 장기-중기-단기 목표 순으로 세우는 것이 좋다. 장기목표는 장래희망과 목표 대학(학과)이다. 대부분의 학생이 자신의 현재 성적보다 높은 목표를 잡기 때문에 그 차이를 메우기 위해서라도 시간 관리를 해야겠다는 필요성을 느끼게 된다. 단기 목표는 주간 계획표와 일일 계획표로 나뉜다. 주간 계획표는 한 주 동안 끝내야 할 과제나 학습 목표를 요일별로 고르게 배분한 것이라면 일일 계획표는 주간 계획표에 따라 그날 해야 할 일을 시간대별로 과목, 교재, 분량까지 정확하게 쓴 계획표다. 주간 계획표를 만들 때는 먼저 일주일 단위로 '고정 시간'과 '가용 시간'을 계산해봐야 한다. 고정 시간은 학교나 학원 수업 시간, 취침 시간, 식사 시간처럼 내 마음대로 움직이지 못하는 시간이고, 가용 시간은 여가 시간이나 자투리 시간처럼 내 마음대로 움직일 수 있는 시간이다. 하루 일과를 마치고 나면 계획한대로 공부를 했는지 반드시 학습 플래너에 표시해야 한다. 해야 할 일 목록 옆에 완료(∨), 연기(→), 취소(×), 진행 중(○)처럼 기호를 정해두고 체크하면 간편하다.

엄마, 잔소리가 세상에서 제일 듣기 싫어요

❝부모와 아이의 관계를 가장 멀게 하는 큰 요인, 잔소리❞

부모와 자녀의 관계를 가장 멀게 하는 가장 큰 요인이 있다면 그것은 바로 '잔소리'다. 공부를 사이에 두고, 하루가 멀다 하고 신경전을 벌이는 일은 부모나 자식에게나 못할 짓이다. 달래기도 하고 듣기 싫은 소리도 해가면서 어렵사리 자녀를 책상 앞에 붙들어 놓아도, 막상 성적표를 받아보면 결과는 그리 신통치 않다. 한번 생각해 보자. 마음이 다른 곳에 가 있는데 책이 눈에 들어오겠는가? 마음이 열려서 학습하고 싶은 것으로 두뇌가 인식해야 공부를 잘할 수 있는 두뇌 능력이 발휘된다. 이처럼 헛심 쓰지 않고 아이가 스스로 공부할 수 있게 하는 방법은 없을까? 무작정 공부를 시키기보다는 공부 의욕을 키워주는 것이 공부 잘하는 아이로 키우는 비결이다. 그렇지 않으면 아이를 망치는 부모가 되기 쉽다.

"엄마, 난 즐겁게 살고 싶어요."
"즐겁게 사는 건 대학교 가서 하고, 지금은 공부나 해."
"공부를 즐겁게 하면 되잖아요."
"공부를 어떻게 즐겁게 하니? 즐거운 공부가 이 세상에 어디 있어?"

"하지만 전 제 방법을 찾고 싶어요."

"잔말 말고 당장 방으로 들어가서 공부나 해. 그런 정신머리로 무슨 공부를 한다고 하니?"

공부를 재밌게 하고 싶어 하는 아이와 공부는 재미없다고 단정 짓는 엄마의 대화 내용이다. 아이들은 누구나 공부를 잘하고 싶어 하는 마음이 있다. 하지만 공부가 재미없어서 잘할 수 없다고 한다. 공부를 재미있게 인식할 수 있도록 해주는 것은 부모의 가장 중요한 몫이다. 문제는 부모가 아이들의 '학습'을 고된 것으로 자극하는 데 있다. 학습 태도가 길러지는 초등학교 때 공부에 대한 유쾌한 경험을 많이 하게 해야 한다. 스스로 공부에 몰입해 본 경험을 통해 공부의 맛을 느낄 수 있다면 즐거운 공부가 되는 것이고, 부모의 강제적인 명령으로 한다면 세상에서 제일 하기 싫은 일이 될 것이다.

우리나라 대부분의 아이들에게 공부는 '지겹고 하기 싫은 일'인 경우가 많다. 초등학교 때부터 시험과 성적에 대한 순위 압박, 지나치게 많은 학습량 등이 공부의 재미를 일찌감치 앗아간 결과다. 또한 늘 당장 눈앞에 보이는 결과만 갖고 아이의 미래를 예측하는 부모의 조급함도 한몫한다.

사실 초등학교 때는 단기적인 '성적 관리'에 집착하기보다는 공부의 기초 체력을 기르고 공부하는 습관을 쌓는 것이 중요하다. 멀리 보면 그

엄마, 잔소리가 세상에서 제일 듣기 싫어요

스스로 공부에 몰입해 본 경험을 통해 공부의 맛을 느낄 수 있다면 즐거운 공부가 되는 것이고, 부모의 강제적인 명령으로 한다면 공부는 세상에서 제일 하기 싫은 일이 될 것이다.

게 성적을 올리는 확실한 방법이며 아이들이 즐겁게 공부할 수 있게 하는 방법이다.

공부의 기초 체력을 기르고 공부 습관을 잡는 데 가장 좋은 것은 '독서'다. 책을 읽으면 다른 사람의 도움 없이 스스로 이해하려고 노력하게 된다. 이 과정을 거치면 공부할 때 쉽게 자신의 것으로 소화할 수 있는 학습 능력이 자연스럽게 발달한다. 또한 아이 스스로 요약하고 정리하는 능력도 기를 수 있다. 요즘 아이들은 학습지 등 워낙 풀어야 하는 문제가 많은데다 정답에 대한 압박이 심해 처음부터 공부를 포기하는 아이들이 많다. 따라서 쉬운 문제라도 단계마다 풀이과정을 메모하면서 푸는 습관을 들이는 것이 가장 좋다. 이런 과정을 통해 길러진 습관은 중고등학생이 되어서 빛을 발하게 된다. 특히 답안지를 빼앗는 행위는 자기주도학습의 방해물이 된다. 왜 그럴까? 모르는 문제, 특히 수학 같은 경우 혼자서 공부하는데 정 모르겠을 때 답안을 보면 평범한 아이들은 70~80%의 경우 이해가 된다. 결국 혼자서 문제를 풀어갈 수 있고 질문할 문제들이 최소화되는 것이다. 나머지 문제는 반에서 제법 수학을 잘하는 아이에게 물어봐도 충분하다.

많은 부모들은 1~2년씩 앞서 진도를 나가는 선행 학습을 한다. 이것은 남보다 한참 앞서 나가야 마음이 놓이는 조급증의 결과다. 그러나 학교 수업을 100% 활용하려면 수업 전날, 또는 쉬는 시간에 잠깐이라도 예습을 하는 것이 효과적이다. 선생님의 설명을 듣지 않은 상태에서 교과서를 보며 스스로 생각해보고, 수업 시간에 설명을 들으며 자신의 생각과 비교해 볼 수 있어 자기주도적인 학습 능력을 키울 수 있다. 또한 복습은 반복해서 주기적으로 하는 것이 효과적이다. 그날 배운 것은 그날 복습하고, 주말에는 한 주 동안 배운 것을, 방학 때는 한 학기 동안 배운 것을 복습하는 식이다. 이렇게 배운 것을 확실하게 자기 것으로 만들어 놓으면 학년이 올라갈수록 공부하기가 수월해진다. 왜냐하면 인간의 뇌는 뉴런으로 이루어져 있고 뉴런이 붙잡고 있는 약한 기억은 휘발성이 강해 좋은 성적을 낼 수 없는데, 강한 기억으로 옮기는 가장 좋은 방법이 '반복'이기 때문이다.

9장
셀프 코칭

동기유발

> **내적 동기는 긴 시간 지속성을 갖고 추진하는 열정이 된다.**

"너 이러라고 엄마가 지금까지 그 비싼 레슨비 들여 가르친 줄 아니?"

"엄마, 제가 언제 피아노 치고 싶다고 한 적 있어요? 그리고 이제부터 치지 않으면 돈도 들지 않잖아요."

"그게 지금 엄마한테 할 소리야?"

"난 피아노가 치기 싫고 엄마는 돈 절약하고, 그럼 됐잖아요."

"지금 그걸 말이라고 하니? 응?"

"다 지겨워요! 난 정말 피아노가 싫단 말이에요."

경이는 문을 쾅 닫고 제 방으로 들어가버렸다. 경이와 경이 엄마는 대화를 할수록 갈등이 점점 커져서 서로 깊은 골만 생길 뿐이었다. 경이는 어렸을 때부터 피아노를 쳤다. 음대를 나온 엄마 덕분에 자연스럽게 피아노를 접할 수 있었다. 경이는 피아노 치는 게 정말 행복했다. 그런데 고등학교에 진학한 뒤로 자신이 피아노를 정말 좋아하는지 의문을 품게 되었다. 그 후로 피아노 치는 게 너무 싫어서 연습을 게을리하기 시작했고, 급기야 피아노를 치지 않은 지 한 달이 되어갔다. 경이 엄마는 그런 경이의 행동에 애가 탔고, 그래서 더 다그칠 수밖에 없었다고 한다. 경이는 엄마가 다그치면 다그칠수록 반발심이 커져 갔고, 급기야는 피아노를 아예 치지 않겠다고 한 것이다.

이러한 상황에서 경이를 코칭하게 되었고, 경이는 첫 만남 때부터 시큰둥한 반응을 보였었다. 먼저 경이와 라포를 쌓기 위해 나의 학창시절에 음악을 했던 이야기를 했다. 그러자 경이는 조금씩 관심을 보이기 시작했다. 때때로 서로의 공통점을 찾으며 맞장구를 치기도 했다.

"선생님의 경우는 꿈이 없어서 그게 가장 문제였어."

"선생님은 그래도 좋은 학교에 가셨잖아요."

"나도 고비가 있었단다."

"그 고비가 어떤 거였어요?"

"내가 공부를 해야 할 이유를 모르겠는 거야. 그 순간부터 아무것도 하지 않았어. 한번은 학교에 가지 않고 잠적한 날도 있었어."

"에이, 설마. 선생님이요?"

"응. 선생님도 그런 고비를 겪었단다."

"그럼, 그 고비를 어떻게 이겨내신 거예요?"

"먼저 내가 왜 공부를 해야 하는지에 대해서 고민을 하다 보니 이유가 나왔단다."

경이는 내 학창시절 이야기를 들으면서 질문을 했다. 이 과정에서 나는 경이가 왜 피아노를 치고 싶어 하지 않는지 알게 되었다. 경이는 자신이 왜 피아노를 쳐야 하는지, 피아노를 열심히 쳐서 대학에 가야 하는지 의문을 품고 답을 얻지 못한 것이다. 즉, 피아노를 쳐야 할 동기부여가 되지 않은 상태에서 대학을 가기 위한 도구로서 피아노를 받아들이고 싶지 않았던 것이다. 동기유발의 유형에는 하고자 하는 마음을 스스로 갖는 '내적 동기'가 있다. 반면 타인에 의해 갖게 되는 '외적 동기'가 있다. 누구나 타인에 의한 '외적 동기유발'보다, 마음을 스스로 갖는 '내적 동기유발'이 필요하다. 경이의 경우처럼 외적 동기는 작은 시련에도 포기할 만큼 에너지가 약하기 때문이다.

"경이 어머니, 지금 경이는 피아노를 잘 쳐야 한다는 압박감이 너무 커요."

"그렇다면 더 열심히 연습을 해야지, 지금 놀 때가 아니잖아요."

"경이 스스로 깨닫고 피아노를 쳤을 때 더 큰 효과가 난다는 것을 잊으서서는 안 돼요."

"그럼 어떻게 해야 할까요?"

"우선 피아노를 쳐야 한다는 압박감을 주지 말고, 경이 스스로 자각할 수 있도록 도와줘야 합니다."

나는 경이의 내적 동기유발을 일으켜주기 위해서 피아노 연주를 보러 갈 것을 제안했다. 경이는 멋진 피아니스트의 연주회에 다녀온 후 자신도 그처럼 멋진 피아니스트가 되고 싶다는 말을 자연스럽게 했다. 피아노를 치기 싫다고 말했던 아이가 이제는 매일 4시간씩 피아노 연습을 하고 있다고 한다. 경이는 그 피아니스트를 보면서 내적 동기유발을 일으키게 된 것이다. 어렸을 때부터 기계적으로 피아노를 쳤다고 생각했었는데, 피아니스트의 연주를 보고 자신도 그런 무대에 서고 싶다는 꿈을 갖게 됐다고 말했다. 그 후 경이는 피아노뿐만 아니라 학업에도 좋은 성적을 거두게 되었다. 자신의 미래 목표에 대한 내적 동기유발이 확실히 됐기 때문에 자연스럽게 학업과도 연결이 된 것이다. 하지만 모든 아이들이 동일한 경험으로 내적 동기가 만들어지는 것은 아니다. 피아노 연주자를 꿈꾸던 한 아이가 백건우 음악 연주회에 참석한 후에 나는 저 사람처럼 연주할 수 없을 거 같다며 포기하는 사례도 드물지만 있기 때문이다. 경이는 '사교형' 아이라 가능했지만 불안감이 높은 '신중형'이었던

동기유발

끈질긴 집중력은 그 일을 이루고 말겠다는, 마음 깊은 곳에서의 다짐에서 나오는데 이 마음을 갖는 행위를 '동기유발(Motivation)'이라고 한다. 동기가 부여되면 그로 인해 그 일에 집중하고 헌신하게 되며 어떠한 어려움도 극복하면서 집중하게 된다.

그 아이는 똑같은 환경에서도 포기라는 서로 다른 결과를 만들었다.

김연아 선수는 스물한 살이라는 어린 나이로 올림픽 금메달리스트가 되고 세계 피겨 여왕으로 자리잡았다. 김연아 선수의 금메달은 10여 년 이상의 노력이 있었기에 가능한 것이었다. 그리고 자신의 꿈을 확실히 잡았기에 가능했을 것이다. 환희와 감격의 순간 뒤편에는 연습에 몰두하고 할애한 시간들이 버티고 있다. 이처럼 한 분야에서 성취하고 성공하려면 타고난 능력과 적성 이외에 필요한 것이 바로 이러한 노력들이다. 또한 그 일에 오랜 기간 집중할 수 있는 끈기가 있어야 한다.

그렇다면 이러한 끈질긴 집중력은 어디서 어떻게 나오는 것일까? 이는 그 일을 이루고 말겠다는, 마음 깊은 곳에서의 다짐에서 나오는데 이 마음을 갖는 행위를 '동기유발(Motivation)'이라고 하는 것이다. 자신이 그 일에 지대한 관심과 호기심을 갖고 있으면 만족할만한 결과를 얻기까지 계속 추진하려는 동기가 부여되고, 그로 인해 그 일에 열중하고 헌신하게 되며 어떠한 어려움도 극복하면서 집중하게 된다.

웰만의 '마음 이론'은 마음이 어떻게 이루어져 있고 행동에 어떤 영향을 미치는지에 대한 이해를 다룬다. 즉 마음은 경험을 바탕으로 형성되며 그 마음을 나타내는 행동에는 그 사람의 신념, 지식, 동기, 정서, 의도 등이 반영되어 있다는 이론이다.

내적 동기가 유발되면 긴 시간 지속성을 갖고 집중적으로 추진하는 열정을 갖게 되므로 그 결과가 좋을 수밖에 없다. 이에 반해 외적 동기가 유발되면 진정한 열정이 없기 때문에 눈앞의 작은 목적이 달성되면 그 일을 중단하기도 한다. 하지만 외적 동기유발은 동기유발이 전혀 되지 않는 것보다는 낫다. 내 · 외적 동기가 없으면 집중력이 형성되지 않기 때문에 좋은 결과가 나올 수 없다. 따라서 초기에는 외적 동기에 따른 보상으로 시작하더라도 점차적으로 내적 동기로 옮겨가야 하는 것은 당연하다.

코칭 tip
....

아이의 동기유발이 되지 않은 경우 부모의 교육 방법을 점검해야 한다. 어려서부터 자신이 흥미를 느끼지 못하고 또 재능도 없는 것을 부모의 지시나 결정에 따라 오래 지속한 경우에는 아이에게 열정이 생기지 않는다. 즉, 부모의 꿈이나 강요된 꿈에서는 진정한 파워와 지속적인 에너지가 나오지 않는다. 강요된 꿈은 오히려 부정적인 경험이 쌓여서 동기유발이 되지 않게 된다. 이런 상태가 지속되면 학업 성취도가 낮아져서 흥미를 갖지 못하게 된다. 이는 곧 자신감의 결여로 연결되어 아이 스스로 무력감을 느끼게 한다. 아이 스스로 지속적인 경험과 긍정적인 에너지를 통해 내적 동기가 유발되어야 어떤 분야에서든 좋은 결과가 나오게 된다.

내적 동기유발의 주요한 요소는 무엇보다도 개인의 타고난 흥미와 적성이지만, 후천적으로 형성된 개인의 성취 경험이나 교육 및 양육 환경도 무시할 수 없다. 이 모든 요소가 조화로울 때 내적 동기가 유발되고, 그로 인해 끈기 있게 열정적으로 몰두하는 집중력이 생성되게 된다. 그래서 코치 훈련을 시작할 때, 자신이 태어난 이유를 탁월성이라는 이름으로 찾아본다. 이때 찾은 탁월성과 재능이 연결되어 내적 동기가 되면 이제 100마리의 말이 인생을 견인하는, 튼튼하고 강력한 100마력의 엔진을 달고 달리는 내적 동기의 엔진이 되는 것이다. 탁월성 찾기를 통해 본인이 왜 태어났는지를 깨닫고 직업 앞에 찾은 탁월성을 연결지어 내적 동기를 완성하는 것이 매우 중요하다.

다 똑같네!

코칭에서 공감은 뼈대처럼 중요하다.

"아, 우리 애만 그런 게 아니구나."

"그러게요. 다 똑같나 봐요."

"글쎄, 이 녀석이 간섭하지 말라며 문을 쾅 닫고 들어가버리는 거 있죠?"

"우리 아들은 심지어 방문을 잠그기까지 했어요."

중학교 2학년 사춘기 아들을 키우는 엄마들의 모임에서 나온 이야기다. 영수 엄마는 최근 또래 엄마들의 모임에 나가서 그나마 조금의 위안을 받고 돌아왔다. 또래 엄마들의 모임에 나가면 별별 하소연이 다 쏟아졌고, 이곳에서의 화두는 사춘기 자녀와의 갈등이었다. 영수 엄마 역시 사춘기에 접어든 아들의 변화된 일거수일투족에 신경이 곤두서 있었는데, 영수 역시 또래 아이들과 같다는 걸 알게 된 후로 마음이 조금 편안해졌다. 또 이런 모임을 통해서 영수가 심각한 정도는 아니라는 것을 알게 되어 마음이 놓이는 효과도 있었다.

다들 쏟아내는 한마디 한마디가 어쩌면 그렇게도 영수와 비슷한지, 모두 고개를 끄덕일 말들이었다. 아들과 멱살을 붙잡고 싸운 이야기며 심하게는 옥상에서 떨어진다고 말해 크게 혼내지도 못한다는 하소연까지, 동병상련의 마음으로 이야기를 나눌 수 있었다. 그런데 문제는 하소연만 하고 해결책은 없다는 것이다.

영수 엄마는 엄마들의 대화 속에서 자신의 모습을 보았다. 그리고 한 가지 잘못된 점을 발견했다. 그 잘못은 자신도 저지르고 있는 것이었다. 바로 거기에 모인 엄마들이 자기 잘못은 생각하지 않고, 아이들의 행동 자체만 나무라고 원망하고 있다는 점이었다.

영수 엄마가 깨달은 것처럼 그곳에 모인 엄마들 대부분은 아이들에게 쉬지 않고 명령하고 있었는데, 자신들의 행동을 의식하지 못하고 있었다. 아이를 향한 무한 기대치와 기대감은 부모가 잔소리를 더 하게 만들고, 아이를 부모의 의지대로 끌고 가게 한다. 단지 부모 자신의 판단으로 '못마땅한 행동을 하는 아이의 문제'로 단정짓는 오류를 범하고 있는 건 아닌지 되돌아볼 필요가 있다.

사춘기를 겪는 아이와 갈등을 최소화하고, 친구처럼 지내고 싶다면 어떻게 해야 할까? 부모들이 흔히 쓰는 방법은 물질적 보상을 걸고 마음을 사는 것이다. 그런데 이 방법은 일회성으로는 먹히지만 자주 써 먹으면 약발이 오래 가지 않는 외적 동기의 다른 이름이다. 또 다른 방법으로 대화라도 하려고 하면 아이들에게 외면당하기 일쑤다. 자녀를 둔 부모라면 어떻게 해야 할지 난감한 경우가 많다. 이들 모두 자녀와의 공감대가 형

다 똑같네!

지금 사춘기 아이들과 가까워지기 위해서 가장 필요한 노력은 그들과의 공감대 형성을 위해 아이의 행동이 마음에 들지 않더라도 먼저 지적하지 말고, 아이의 입장에서 이야기를 들어주는 것이다.

성되지 않은 상태에서 다가갔기 때문이다.

아이들이 친구를 만나러 가거나, 운동을 하러 갔다가 많이 늦는 경우 어떻게 하는가? 약속 시간 안에 들어오지 않았을 때 대부분의 부모들은 약속 시간을 지키지 않은 것에 초점을 맞춘다. 심하면 '허구한 날 약속을 안 지키니?', '커서 뭐가 될래?', '왜 이렇게 늦었냐? 이럴 거면 나가지를 마라' 등등 과격한 말이 나올 때도 있다. 또 '너 때문에 속이 터져서 살 수가 없다. 엄마나 아빠 말이 말 같지 않냐?'처럼 문제를 크게 만드는 말을 하기도 한다. 이런 부모의 말을 살펴보면 모든 것이 부모 중심이 되어 자신의 마음을 전달하기에 급급하다. 부모가 이렇게 나오면 십중팔구 아이들은 마음의 문을 닫고 열지 않는다.

지금 사춘기 아이들과 가까워지기 위해서 가장 필요한 노력은 그들과의 공감대 형성을 위해 아이의 행동이 마음에 들지 않더라도 먼저 지적하지 말고, 아이의 입장에서 이야기를 들어주는 것이다.

코칭 tip

코칭 대화에서는 상대를 중심으로 메시지를 전달한다. 상대를 단순하게 관찰하고 솔직한 느낌을 담아 자신이 원하는 것을 부탁해야 한다. 자녀와 대화하는 방법은 내가 중심이 아닌, 아이가 중심이 돼서 말을 해야 한다. 약속 시간보다 늦은 아이에게 무조건 나무라지 말고 이런 식으로 물어보면 어떨까?

사실: "돌아오기로 약속한 시간보다 한 시간이나 늦었구나."
감정: "제 시간에 돌아오지 않아 엄마가 많이 걱정했어."
필요: "다음부터는 늦으면 전화라도 꼭 주겠니?"
부탁: "부탁할게."

'사감필부'로 이야기하는 것이다. 여기서 '사'는 사실(돌아오기로 약속한 시간보다 한 시간이나 늦었구나) '감'은 감정 즉 사실로 생긴 내 감정(제 시간에 돌아오지 않아 엄마가 많이 걱정했어)을 말한다. '필'은 필요(다음부터는 늦으면 전화라도 꼭 주겠니?), 즉 Need를 전한다. '부'는 부탁을 말하며 그 반대는 강요다. 강요는 상대가 할 수 있을지 없을지 모를 경우를 말하며, 부탁은 할 수 있는 충분한 가능성이 있을 때만 부탁이 된다.

다 컴퓨터 때문이야

"*게임 중독은 다른 중독으로 끊어라.*"

"컴퓨터를 없애던지 해야지, 내가 정말 못살아."

"그건 절대 안 돼요."

"안 되긴, 뭐가 안 돼! 허구한 날 컴퓨터 앞에서 사는데, 대학은 무슨 대학이야?"

오늘도 승호네는 컴퓨터 때문에 일어난 갈등으로 시끄러웠다. 승호는 게임만 하면 해야 할 것들을 모두 잊어버린다. 심지어 잠도 안자고, 학교를 가지 않은 날도 있었다. 맞벌이인 부모님이 집에 계시는 시간이 적어서 자연스레 컴퓨터에 노출되었다. 승호 부모님은 어린 승호가 집에 혼자 있는 것이 애처로워 컴퓨터를 하게 했는데, 사용 시간이 점차 늘어나 조절이 불가능할 정도가 된 것이다.

"사실 공부는 하고 싶어요."

"그런데 왜 컴퓨터에 매달리게 되니?"

"엄마가 화를 내시는 걸 보면 저도 모르게 공부하기 싫어져요."

"그래서 더 하게 되니?"

"네. 5분만 해야지 했던 게 50분, 5시간을 하게 돼요. 그리고 컴퓨터를 하고 있으면 외롭지가 않아요."

"승호가 외로움을 많이 타는구나."

"네. 학교에서 돌아오면 항상 집에 엄마가 안 계셨어요. 집에 엄마가 있는 친구들이 부러웠어요."

승호의 말을 들어보니 승호가 컴퓨터에 매달리게 된 이유는 바로 외로움 때문이었다. 항상 집에서 반겨주는 엄마가 있는 친구들과 달리, 집에 오면 혼자였던 승호는 컴퓨터가 자신을 제일 반겨주는 친구라고 생각한 것이다. 부모님은 회사에서 집에 오면 피곤해서 일찍 주무시고, 승호도 일찍 자게 했다. 그러다 보니 자연스레 승호와 부모님 사이에 대화가 사라졌고, 그럴수록 외로움이 더 커졌던 승호는 부모님이 안 계시는 오후 시간에 컴퓨터를 하게 된 것이다.

"다 컴퓨터 때문이에요. 컴퓨터를 없애던지 해야겠어요."

승호 엄마가 단호하게 입술을 깨물며 말했다.

"그렇게 하면 해결이 될까요?"

"다는 아니어도 적어도 컴퓨터에 매달리지는 않을 것 같아요."

"그것보다 승호에 대한 진심 어린 관심이 더 필요합니다."

다 컴퓨터 때문이야!

게임 중독을 끊는 가장 강력한 방법은 다른 중독으로 끊으라는 말이 있다. 아이가 컴퓨터 게임 중독이라면 운동으로 관심을 분산시키거나, 책을 좋아했던 아이라면 만화로 시작해서 서서히 책을 보던 관성이 붙어 결국은 일반 책으로 관심을 옮겨가야 한다.

"지금 제가 관심이 없다는 말인가요?"

"부모님의 시각이 아닌 승호의 마음을 헤아려주는 그런 관심이 필요하다는 말입니다."

승호 엄마에게 승호가 컴퓨터 중독에 걸릴 수밖에 없었던 환경에 대해 이야기해주었다. 승호 엄마는 아이가 늘 혼자서도 잘 해줘서 대견했는데, 그렇게 외로워할 줄은 꿈에도 몰랐다고 했다. 이제 어떻게 해야 하냐고 묻는 승호 엄마에게 '사랑과 관심'이 해결책이라고 대답하면서, 학원에만 승호를 맡길 것이 아니라 부모의 관심이 최우선 되어야 한다고 말해주었다. 무엇보다 승호의 컴퓨터 중독은 외로움에서 온 것이니 근본 원인에 대한 해결책이 절실했다.

코칭 이후 작은 변화가 일어나기 시작했다. 승호는 여전히 학교에서 돌아오면 컴퓨터를 켰지만 사용 시간을 세 시간에서 두 시간, 곧 한 시간으로 줄였다. 그때마다 엄마나 아빠가 승호에게 전화를 해주었고, 승호는 부모님의 관심을 받고 있다는 생각을 할 수 있었다. 또한 부모님은 퇴근 후 승호와 대화를 나누는 시간을 꼭 가졌다. 공부 이야기뿐만 아니라, 승호가 좋아하는 연예인 이야기, 로봇 조립 등 여러 가지 이야기를 나눴다. 이러한 과정을 거치면서, 컴퓨터 앞에 앉으면 보통 4~5시간 넘게 인터넷을 하던 아이가 조금씩 변하기 시작했다.

코칭 tip

게임 중독을 끊는 가장 강력한 방법은 다른 중독으로 끊으라는 말이 있다. 마치 게임 안에서는 신과 같은 존재도 되어보듯, 게임은 투자한 시간에 비례해서 현실에서는 맛볼 수 없는 화려한 상상과 환상을 조금씩 맛보게 한다. 이것이 중독으로 가는 이유다. 그러나 중독에도 좋은 중독과 나쁜 중독이 있다. 게임을 좋은 중독이라고 할 수 없지만, 독서 중독 같은 경우는 좋은 중독의 예다. 따라서 아이가 컴퓨터 게임 중독이라면 운동으로 관심을 분산시키거나, 책을 좋아했던 아이라면 만화로 시작해서 서서히 책을 보는 관성이 붙어 결국은 일반 책으로 관심을 옮겨가야 한다. 처음부터 이런 방법은 불가능하므로 게임을 좋아하는 순서대로 나열한 후, 서서히 재미없는 순으로 옮겨가는 것도 게임 중독에서 벗어나는 팁이다. 하지만 그 정도가 심각하다면 학습 코치나 NLP 코치 등과 같은 강력한 테라피 코칭이 가능한 전문기관의 캠프나 입원 치료 등을 권하는 것이 바람직하다. 이처럼 혼자서 게임을 끊는 것은 매우 어렵다.

큰 꿈, 작은 꿈

**꿈에서 마감 시간을 더하면 목표가 된다.
큰 목표는 사다리로 잘게 쪼개라.**

"전 꿈을 가질 필요가 없어요."

"그게 무슨 소리니?"

"엄마가 이미 제가 갈 길을 정해 놓으셨어요."

"네 의견이 있으면 말씀을 드리지 그랬니?"

"제 의견은 있으나 마나 하거든요."

"왜 그런 생각을 했을까?"

"사실 제 꿈은 인형 옷을 만드는 거였어요."

"아, 요즘에는 인형 옷을 만드는 학과가 있던데. 거기에 가면 되겠구
나."

"선생님도 아시네요. 그런데 엄마가 그걸 아시고는 난리가 났어요."

"그래서 속상했구나."

"네. '그게 무슨 꿈이니? 만들려면 사람 옷을 만들어야지, 무슨 인형 옷
을 만들어.' 이러시는 거예요."

"지수야, 의류학과에 가고 싶은 생각은 있니? 엄마랑 합일점을 찾아도

좋을 것 같은데.”

“저도 그러고 싶었어요. 그런데 엄마는 의류학과도 싫어하세요. 아빠도 마찬가지시고요.”

“이런, 그 일로 지수 마음이 많이 상했겠다.”

“네. 전 지금도 옷을 만드는 학과에 가고 싶지만, 엄마가 절대 허락하지 않으실 것 같아요.”

“우리, 엄마가 허락하실 수 있게 묘안을 찾아볼까?”

“선생님, 그게 가능할까요?”

“네가 정말 간절히 바란다면 이루어지지 않을까?”

지수의 부모는 지수가 항상 변호사, 의사 같은 소위 상위 레벨이 되어야 한다고 생각했다. 그런 소리를 들어서인지 지수는 어렸을 때부터 공부를 열심히 했고, 성적도 무척 상위권이었다. 그래서 서울에 있는 대학은 모두 들어갈 수 있을 정도의 실력이 되었다. 하지만 지수가 고등학교 3학년이 되어 진로를 결정해야 하는 시기가 되자 부모님과 부딪칠 수밖에 없었다. 당연히 의대를 지원할 것이라고 생각했던 지수 부모님은 지수가 인형 옷을 만드는 학과, 그것도 지방에 있는 학교로 간다고 하니 기가 막힐 노릇이었다. 또 지수 입장에서는 이제야 자기가 하고 싶은 일을 찾았다며 꼭 가고 싶은 상황이 된 것이다.

큰 꿈, 작은 꿈

꿈 찾기에서 중요한 것은 꿈이 인생의 목표가 될 때 마감 시간과 목표의 수량화, 실현 가능성과 함께 내가 진정으로 원하는 것이어야 한다. 자녀의 꿈이 부모가 이루지 못한 것으로 대치될 때, 가장 위험하고 불행할 수 있기 때문이다.

"엄마와 아빠는 인형 옷을 만드는 일은 평범한 일도 안 된다고 하시면서 화를 냈어요."

자연스레 지수와 부모님 사이는 마찰이 생길 수밖에 없었다. 그러자 지수의 성적이 곤두박질치며 떨어졌고, 이 성적대로라면 의대나 법대도 갈 수 없는 상태까지 되었다. 급한 마음에 나에게 도움을 요청한 지수 부모님은 지수의 마음을 돌려놔달라고 했다. 그런데 지수와 이야기를 나눠본 결과 마음을 돌릴 수 있는 열쇠를 가진 건 지수 부모님이었다. 적성 코칭을 해본 결과 지수의 적성은 의대에 맞지 않았다. 지수는 창조적인 일이 맞았고, 그러한 일을 할 때 가장 행복해하는 성향이었다.

지수 부모님은 코칭을 통해 지수가 변화되기를 바란다고 했지만, 코칭을 통해서 변화되어야 할 쪽은 지수 부모님이었다. 지수는 인형 옷을 만드는 학과가 아니면, 의류학과를 가고 싶어 할 정도로 자기 꿈이 확실한 아이였다. 주관이 뚜렷한 아이기 때문에 무엇을 하든지 잘 해낼 것으로 보였다. 그런데 지수 부모님은 지수의 적성을 좌지우지하여 무조건 사회에서 높은 단계로 여기는 직종을 택하게 하고 있었다. 지수의 부모님에게 코칭이 더 필요하다는 것은 명백해 보였다.

코칭 tip
··········

꿈은 강요해서 만들어지는 공산품이 아니다. 100가지 꿈 찾기를 통해 내 안의 무의식까지도 뒤져서 꿈을 찾으라고 평소에도 강조한다. 그러기 위해서는 빨리, 많이 꿈을 찾는 것이 요령이다. 또 현재 청소년인 아이의 꿈을 나이가 들어감에 따라서도 생각해볼 것과 함께, 삶의 균형도 중요하다고 강조한다. 이는 꿈 찾기의 균형을 잡기 위해서다. 나이가 들면서 누군가의 남편 혹은 아내, 또 자녀였다가 부모가 될 텐데 그에 따라 중요 관심사가 변해가기 때문이다. 그런데 꿈 찾기에서 중요한 것은 꿈이 인생의 목표가 될 때 마감 시간과 목표의 수량화, 실현 가능성과 함께 내가 진정으로 원하는 것이어야 한다. 자녀의 꿈이 부모가 이루지 못한 것으로 대치될 때, 가장 위험하고 불행할 수 있기 때문이다.

감사의 글

코칭을 처음 대하면서 느낀 직감은 틀리지 않았다. 코칭은 오래전부터 나를 위해 누군가 준비해두었던 선물처럼, 꼭 필요한 친구를 오랫동안 못 만나다가 다시 만난 것 같은 반가움으로 내게 다가왔다. 그날부터 몇 년 동안은 새벽부터 주말까지 코칭을 공부하고 연구하는 시간으로 전념했던 경험이 내 인생을 바꾸어놓았다.

시인의 삶에서 코치로서의 삶이 시작되었다. 물론 시인으로서의 삶을 단 한 번도 후회한 적 없고, 앞으로도 시인으로서 살아갈 것이다. 하지만 코치라는 또 다른 삶에 매우 감사하고 만족한다. 시인은 시를 쓰는 순간에는 만족스럽지만 시작(詩作)에서 빠져나오면 무중력과 같은 무력감을 느끼게 되는데, 그럴 때마다 코치라는 역할을 통해 극복할 수 있어 행복하다. 나는 죽는 순간까지 코치로, 또 시인으로 계속 살아갈 것이다.

시인으로서 살아가는 것이 만만치 않은 것처럼 코치로서의 삶도 어려움이 있었다. 하지만 코칭 임상 시간이 늘어나면서 점차 이런 어려움도 사라졌다. 5천 시간의 임상 시간 이후부터 코칭에 대한 의구심도, 나 자신에 대한 의심도 사라졌다. 코칭하는 순간에 집중하면서, 코칭이 끝나는 순간마다 희열을 맛볼 수 있게 되었다. 무엇보다 누군가의 삶을 붙들고 있는 어려움에 도움의 손길을 내밀 수 있다는 것이 나를 전율케 했다.

어쩌면 과거의 나는 시를 통해 누군가를 돕고 싶었는지도 모르겠다.

코칭을 할 수 있도록 나에게 최소 한 시간에서, 최대 몇 년까지도 할애한 나의 모든 코치이(고객, 내담자, 클라이언트)들에게 진심으로 감사드린다. 그들의 삶 속에서 가시 같던 장애들을 함께 제거하며 느낀 기쁨만을 말하는 것이 아니다. 모두 다른 삶의 결들을 가지고 살아가지만 결국에는 스스로의 통찰력으로 자신의 문제를 알아차리고 자신의 의지로 문제들을 해결해나가는 과정에서, 나는 단지 시의적절한 경청과 질문으로 그들과 함께했을 뿐인데 결과는 놀라웠다. 인생고해(人生苦海)의 바다에서 그들이 발견한 다양한 삶의 깨달음과 지혜들에 압도되어 살아온 세월이 너무 귀하고 감사하다. 누군가는 내 앞에서 통곡을 하고, 누군가는 기뻐했던 그 순간들을 나는 언제나 기억하고 감사드린다. 고객들과 함께한 만 여 시간 이상의 세월은 나의 의식과 영적 성장에 밑거름이 되었다.

이 책이 만들어지는 과정에서 수고해주신 많은 분들에게도 감사를 드린다. 가장 적극적인 헌신을 해준 코치이자, 아내이자, 동업자인 윤 코치에게 감사를 보낸다. 아들과 딸에게도 진심으로 도와준 것에 감사를 보낸다. 전문 편집자의 전문성으로 도움을 주신 편집자님께 감사드린다. 이제는 오랜 인연이 된 이태곤 대표님께도 마음 깊은 곳에서 감사를 드린다.

코칭을 통해 초 · 중 · 고 청소년, 학부모, 대학생, 청년, 비즈니스맨, 사업가, CEO 등 다양한 분들이 만 여 시간 이상을 함께 해주었다. 고등학생 때부터 코칭을 받고 대학생이 된 청년에게 "자네와 같은 젊은 사람이 성장해서 이 나라의 지도자가 되었으면 좋겠다"라는 말을 자연스레 건네기도 했다. 학부모 중 재능 있는 분들에게는 학습 코치가 될 것을 제안해서, 실제로 많은 분들이 초·중·고 학습 코치와 진로 코치, 즉 청소년 코치가 되었다. 그중에는 국내의 좋은 대학은 물론이고 미국과 유럽의 세계적인 대학으로 자녀를 유학 보낸 부모들도 있다. 물론 하버드 입학용 에세이 작성을 도왔지만 떨어진 아이도 있고, 진로 코칭을 통해 그 분야 세계 최고의 대학에 입학한 학생도 있다. 학부모 및 교사 연수를 2년에 걸쳐 진행하여 전국에서 가장 큰 사교육비를 절약한 사례로 선정되어 교육부 장관상을 받은 포항의 한 초등학교 학부모회 임원들과 존경받던 교장 선생님과의 기억도 생생하다. 인천의 J 중학교에서는 두 번이나 교사 연수에 불러주셔서, 교장 선생님께 왜 몇 개월도 안 되어서 교사 연수에 다시 불러주셨는지 물었다. 그러자 사비를 털어서 진행했다는 말씀은 감추시고 "학교 교실에서 선생님들이 전보다 많이 웃는 것을 보게 되어서 다시 불렀다"라고 하셨던 것이 기억난다.

"진정으로 이 책과 부모 코칭을 받아들여 내 삶에 적용하면 어깨가 가벼워지고, 삶의 무게는 더 이상 짐이 되지 않는다. 다가오는 많은 시련들이 이제는 도전이 된다. 내일은 어떤 도전의 파도를 멋지게 넘을 것인가를 생각하며 흥분된 하루를 마감할 수 있게 되기 때문이다. 삶에도 기술이 있다면 코칭이 바로 그것이다." 내가 강연 때마다 하는 말이다.

가난한 서울의 변두리에서 학습 성적을 가장 많이 올려 전국 대상을 받았던 중학교의 교감, 교장 선생님과 담당 부장 선생님이 있었다. 매사에 열정적이라고 생각했는데, 그 해 전국의 초·중·고 학교 중 학력 신장성과가 가장 우수한 학교로 '수능'을 출제하는 엄격한 〈교육과정평가원〉으로부터 선정되어 대상을 받았다. 그 해 우리는 그 학교에서 학생 진로 및 학습 코칭, 학부모 연수, 교사 연수를 순차적으로 진행했고 전교생들에게 학생 다이어리까지 제공했다.

강남의 한 중학교에서는 많은 선생님들의 반대에도 불구하고 국내 최초로 1년간 방과 후와 정식 수업을 연결하여 〈자기주도학습 코칭〉을 2시간씩 주 2회를 진행하여, 성공 사례로 선정되어 국회에서 교장 선생님과 함께 세미나에 참석하기도 했다. 경상남도 교육청이 예산을 들이고 EBS가 교재를 제공하여 경상남도의 2,500명의 차상위 초·중·고생들과 1년간 화상 회의로 진행했던 '학습 코칭 프로젝트'도 기억에 남는다. 이 프로젝트는 성공 사례로 청와대에서 발표되기도 했다. 매주 참여 코치들의 수업 경험을 슈퍼비전으로 함께 나눈 것이 도움이 되었다고 들었다. 그 때문인지 1~2년 차 코치나 10년 차 프로 코치나 1년 뒤 모두 크게 성장한 모습 때문에 구분이 어려워졌던 것도 좋은 경험으로 남아 있다. 이런 방식으로 1년간 관악구의 25개 초 · 중 · 고 학교 방과 후와 학부모 교육 및 전문가 양성을 했던 사업에서는 매우 우수한 성과를 냈었지만, 열악한 환경에도 최선을 다해준 코치들에게 지금도 미안함과 감사함이 남아 있다.

많은 감사한 것 중에서도 가장 뚜렷한 기억은 아이들의 눈빛이 빛날 때였다. 좋은 교육을 열의와 진정성을 다해 전달할 때 전해지는, 그 진심을 받아들이는 순간의 짜릿함도 추억으로 고이 남아 있다. 한 아이는 2년간의 글쓰기 코칭을 받은 뒤 전국 백일장에서 대상을 받았다. 여느 날처럼 글쓰기 코칭 중이던 나를 찾아온 그 아이의 어머니는 눈물을 흘렸다. 감사를 전하던 아이의 어머니는 아이가 학원을 가고 싶어 했는데, 학원을 보내지 못해 가슴에 못이 박혀 있었다고 이야기했다. 그 순간 마음이 아팠지만 한 아이에게 좋은 성공 경험을 하게 해준 것 같아 흐뭇하기도 했다.

지금도 학부모 연수를 할 때마다 부모들에게 하는 이야기가 있다.
"여러분은 왜 자녀를 성공시키는 가장 지혜로운 방법인 부모 코치가 되려고 생각하지 않으세요?"
이 책을 구입했거나 구입을 검토하는 분들에게는 강력하게 부모 코치가 되길 권한다. 이 책은 딘지 서기의 흰 권의 책이 이니다. 100어 개국외 사람을 변화시키는 최고의 훈련 프로그램 찾기라는 글로벌 프로젝트를 통해 선정된 프로그램을 수십억의 비용을 들여 한국화한 세계적인 산물이다. 따라서 사교육비 때문에 마음을 졸이거나 자녀를 세계적인 리더로 키우고 싶다면, 이 책을 여러 번 읽고 실천하는 것으로 가능하다고 감히 말씀드린다.

서울의 한 여자 중학교에서 교사 연수 후, 반마다 방과 후로 학습 코칭을 진행하여 평범했던 아이들이 모두 전국구로 성적을 올린 사례가 그 증거다. 그 학교는 10여 년이 지난 지금도 똑같은 방법으로 학습 코칭을 진행하고 있다.

책을 구입하신 분들을 위해 몇 가지 참고 말씀을 전하며 마무리하려 한다. 정말 코치가 되려는 분들에게는 이 책만으로는 부족한 부분이 있을 수 있다. 그래서 고민 끝에 프로 부모 코치가 되고 싶은 분들에게 고액의 비용으로 진행하던 프로그램을 무상으로 배울 수 있는 기회를 드리기로 했다. 네이버 카페 〈조기원의 코칭학과(cafe.naver.com/klcoach)〉에 가입하시면 동영상 무료 강연과 자녀 상담을 신청할 수 있다. 책을 읽고 반복해서 동영상으로 공부하는 경우 여러분이 상상하는 것보다 훨씬 더 훌륭한 결과가 만들어질 것을 확신한다. 왜냐하면 코칭은 지혜로운 삶의 기술이기 때문이다.

"코칭하는 부모"가 되어 "행복한 아이"와 함께 세상을 살아가시길 권한다.

국제코칭심리연구원장 조기원 코치/교수
Canada Christaia College 대학 & 대학원 코칭학 교수(cccedu.allofthat.kr)
국제코칭심리학회장
한국진로학습코치협동조합이사장/한국학습코치협회장